Regensburger Volkssagen

für Jung und Alt

erzählt von

Regensburg 1894.

Verlag von W. Wunderling.

Liebe Leser:innen,

wenn Ihnen diese alten Regensburger Sagen gefallen, dann empfehlen Sie dieses Buch doch Ihrem Freundes- und Bekanntenkreis! Wir freuen uns sehr über Ihre Rückmeldung in den Sozialen Medien oder auf Internet Buch-Portalen und Verkaufsplattformen! Und schauen Sie auch mal rein, in den kleinen Buchladen www.editionbuntehunde.de im Internet oder bei Instagram @editionbuntehunde! Wir sind gespannt auf Ihre Meinung!

Die edition buntehunde ist ein unabhängiger Regensburger Kleinverlag mit einem Buchprogramm, in dem vor allem Kinderbücher, Bavarica und natürlich Regensburg-Titel erscheinen.
Die Bücher gibt es in Ihrer Lieblingsbuchhandlung oder direkt ab Verlag.

Bibliografische Information der Deutschen Bibliothek
Die Deutsche Bibliothek verzeichnet diese Publikation in der Deutschen Nationalbibliografie.Detaillierte bibliografische Daten sind im Internet unter http://dnb.ddb.de abrufbar.

2. Auflage 2024
Ergänzter Nachdruck/Reprint der Ausgabe von 1893; Schrift des Fließtextes konvertiert; Mit einem Vorwort von Peter Styra, 2008

Satz: www.sneakerberg.de
Printed in Poland by druk-24h.com.pl
ISBN 978-3-947727-30-8

Adolphine von Reichlin-Meldegg

Regensburger Volkssagen
für Jung und Alt
erzählt von
AR

Regensburg 1894.
Verlag von W. Wunderling.

Leicht veränderter Nachdruck
mit einem Vorwort von Peter Styra

Regensburg 2008

edition
buntehunde

Vorwort zum Neudruck

Wer liebt sie nicht, die schönen, romantischen, lustigen und dazu melancholischen, ernsten und zuweilen traurigen Sagen? An Publizität haben sie zwar verloren, verschwunden sind sie dennoch nicht. Ab und zu kommt es vor, dass ein längst vergessenes Sagenbuch wieder auftaucht. So war es auch bei den „Regensburger Volkssagen“ von 1893/94. Der nur in der Schrifttype veränderte Neudruck soll dem Buch neue Aufmerksamkeit verleihen, denn für alle, für „Jung und Alt“, wie der Titel verspricht, wurden diese Sagen ja erzählt und gesammelt. Zeitlos sind sie auch in ihrer Art. Die Autorin nimmt ihre Leser bei der Hand und führt sie auf einem Rundgang durch ihre „Vaterstadt“ an Orte, an denen „Frau Sage“ manch erzählenswerte Geschichte zu berichten weiß. So erweist sich dieses Büchlein als ein sagenumwobener Stadtführer.

Was wollen sie uns eigentlich sagen, die Sagen? Es handelt sich zumeist um kurze Erzählungen, sprachlich einfach gestaltet, mit interessanten, vielschichtigen Stoffen aus der volkstümlichen, ursprünglich mündlichen Überlieferung. Mythisches, Wundersames und Geheimnisvolles sind vereint, Hexen und Ungeheuer, Zwerge und Riesen treten auf. Anders als bei den Märchen sind Handlungsorte und Darstellungszeit allerdings realer und haben historische Bezüge.

Die ältesten Sagen sind die Götter- und Heldensagen, die bekanntesten wohl die Sagen des Mittelalters, an erster Stelle die Nibelungensage. Das eingehende Erforschen und Niederschreiben der über Jahrhunderte mündlich tradierten Sagen fällt der Zeit der Romantik zu, 1816 begründen die Brüder Grimm mit ihren „Deutschen Volkssagen" die Sagenforschung. Im Lauf des 19. Jahrhunderts boomt die Sammlung von Sagen, jeder Landstrich, jede Region und jede Stadt entdeckt sie. Sagen werden zur Grundlage von Theaterstücken, Opern und Stadtspielen und bis heute finden die interessantesten regelmäßiges Wiederaufleben.

Neben der baulichen Überlieferung Regensburgs steht ein gleichermaßen reicher Fundus an literarischer Überlieferung. Zu diesem Erbe gehört auch der umfangreiche Sagenschatz. Emmi Böck, die große Sagenkennerin Bayerns, hat 1982 in ihrem großen Werk die „Regensburger Stadtsagen" zusammengetragen und kommentiert. Damit ist dieser Literaturbereich bestens aufgearbeitet und ediert. Auch das vorliegende Bändchen hat sie gesichtet und ausgewertet.

Sammler der „Regensburger Volkssagen" war der Regensburger Lokalgeschichtsforscher Carl Woldemar Neumann (+ 1888). Er verfasste zahlreiche Beiträge zur Geschichte Regensburgs, die Erforschung von Wahrzeichen und der Geschichte einzelner Häuser war ein Schwerpunkt seiner Tätigkeit. Seine Manuskripte und

Aufzeichnungen, die der Historische Verein verwahrt, sind mit Anmerkungen und Quellenangaben versehen. Der literarischen Überlieferung Regensburgs entnahm er seine Sagensammlung, das geplante Sagenbuch jedoch kam nicht zustande.

Adolphine von Reichlin-Meldegg (+1907) gelang 1893 die Publikation der auf der Sammlung Neumanns beruhenden „Regensburger Volkssagen für Jung und Alt“. Die 1838 geborene Baronin Reichlin-Meldegg war zunächst als Hofdame bei Herzogin Luise in Bayern, der Mutter der späteren Kaiserin Elisabeth von Österreich, tätig. Der Historienmaler August Spieß schulte sie im Malen und Zeichnen. 1883 publizierte sie mit „Alräunchens Kräuterbuch“ ihr erstes Werk, in dem sie ihre Zeichenkünste und ihr umfangreiches Wissen in Botanik, Sage und Dichtung vereinte. Weitere Publikationen folgten, Forschungsreisen brachten ihr zahlreiche Stoffe für die literarische Tätigkeit. Die Erlöse aus den Veröffentlichungen übrigens spendete sie stets karitativen Zwecken.

Mit stilgerechten und ansprechenden Zeichnungen der behandelten Kleindenkmäler, Figuren und Gebäude illustrierte Adolphine von Reichlin-Meldegg ihr Sagenbüchlein selbst. So ist etwa das Schottenportal in einen Buchstaben integriert, andere Gebäude sind komplett dargestellt. Besonders interessant ist dies beim Dom. Eine Fotografie aus dem Jahr 1893 zeigt die gesamte Südfassade. Auch wenn die fotografischen Techniken dieser Zeit bereits hervorragend waren, so war es doch nicht möglich, die gesamte „Breitseite“ des Doms zu fotografieren. Die einzige Chance für den Fotografen bestand darin, möglichst weit nach Süden zurückzugehen und sich vom Dom zu entfernen. Zurückweichen aber konnte man damals wie heute nur begrenzt, denn die Gebäude standen zu nahe am Dom. Zudem befanden sich die Vorgängerbauten der heutigen Dompost über zehn Meter weiter nördlich an der Straße, also weitaus näher am Dom als später die Dompost. Allerdings wurden just im Jahr 1892 die Vorgängergebäude abgebrochen. Es entstand eine Freifläche vor der Südseite des Doms. In diese Lücke der Abbruchstelle konnte der Fotograf nun ausweichen. Als 1895 die Dompost fertig gebaut war, war die Lücke geschlossen und dieses Foto wäre nicht mehr möglich gewesen.

Die „Regensburger Volkssagen“ spielen an Schauplätzen, die jeder kennt, an die man auch heute noch gehen kann und an denen man die Helden der Sagen vor Augen hat. Gehen Sie mit!

Peter Styra, Regensburg im März 2008

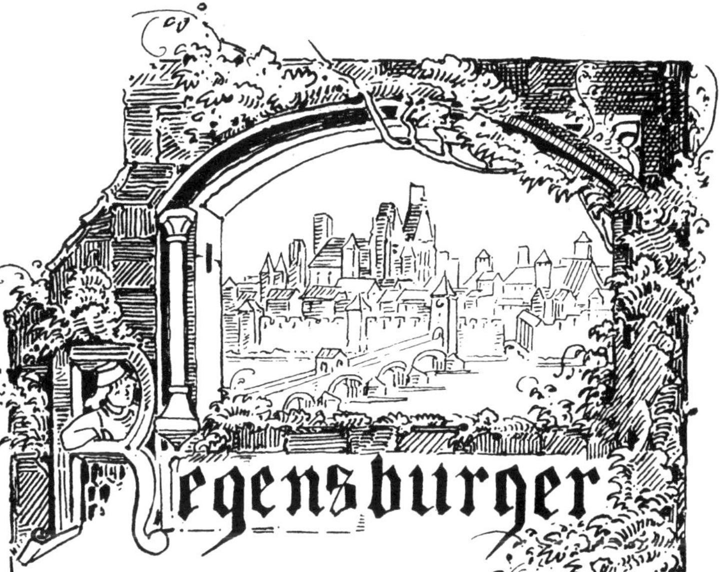

Regensburger Volkssagen

für Jung und Alt

erzählt von

Regensburg 1893.

Verlag von W. Wunderling.

Ein Vorwort.

Es war vor vielen, vielen Jahren schon ein Lieblingsgedanke des hochverdienten Forschers Regensburger Geschichte, Karl Woldemar Neumann, auch über Regensburgs Sagen ein Werk herauszugeben. Leider konnte er seinen Wunsch nicht mehr zur Ausführung bringen.

Wenn hiezu nun heute von anderer Seite ein kleiner Anfang gelegt wird, so möge dies freundlich aufgenommen werden; denn es geschieht in pietätvoller Weise und im Sinne des Verstorbenen, aus dessen reicher Sammlung der Stoff zu diesen Erzählungen teilweise entnommen ist.

Am Anfang.

Was sagst Du zur Aufschrift dieses Büchleins, lieber Leser? – Rufst Du etwa gar verächtlich aus: „Sagen in unserer nüchternen Zeit! – wozu?“

Oder willst Du es dennoch mit mir versuchen und mich begleiten auf meinen Wanderungen? – Sieh, mich dünkt, die Sage sei doch auch heutigen Tages noch immer nicht zu verachten, sintemal sie nicht selten im Volk so manch ein Stück ächter Geschichte aufbewahrt hat, von dem in gelehrten Geschichtswerken nichts mehr zu lesen ist. Sie gibt in schlichter Form oft tieferen Einblick in das Denken und Fühlen vergangener Zeiten, als jene – glaube mir!

Und darum komm´, laß´ Dich´s nicht gereuen und halte mit mir Umschau in meiner lieben, alten Vaterstadt – denn daß Du´s nur weißt – in Regensburg bin ich daheim!

Laß uns mitsammen stehen bleiben an der oder jener Ecke, vor dem oder jenem Steinbild. Die haben gar viel gesehen, viel erlebt; sie raunen uns so manch eine alte Geschichte zu von einstiger Pracht und Herrlichkeit, von Lust und Leid, Lieb und Haß aus längst vergangenen Tagen – komm laß uns lauschen!

* Eine Angabe der Quellen befindet sich in Kürze am Ende des Buches

I.

Von der Stadt Regensburg Erbauung, Namen und Wappen.*

Vor allem möchte gewiß ein Jeder, der dies Büchlein zur Hand nimmt, wissen, wann zuerst die alte Stadt Regensburg entstanden ist – natürlich. In dieser Voraussetzung hielt ich gleich von vornherein Nachfrage bei den gelehrten Chronisten; denn Ehre wem Ehre gebührt – sie musste ich doch zuerst um Auskunft bitten.

Denkt nur – die zuckten aber alle mit den Achseln, lächelten verbindlich, verlegen, und meinten, das sei doch etwas gar zu lange her, es wäre schwer äußerst schwer zu bestimmen – und kurz und gut – sie wüssten es halt nicht! – Ich machte meinen höflichen servus und begab mich weiter zur lieben

Frau Sage; die nickte mir allsogleich fein und freundlich zu und hub an wie folgt:

„Als man da zählte Einhundert und einunddreißig Jahre nach der großen Sündflut, da lebte auf Erden der Riese Ascanias, auch Tuitsch genannt, der hatte einen Sohn Gomers, und diesem hat Erzvater Noah unsern Landstrich hier angewiesen. Selbiger Gomers aber kam mit dreißig anderen Helden aus Armenien herüber und war der allererste von den zwölf Erzkönigen der Deutschen. Auch in Gallien drang er ein, wo man die Deutschen Germani, das ist Brüder, benannte, welcher Name jedoch auch Herr oder Kriegsmann bedeutete.

Der fünfte jener ersten Könige hieß Herrmann; dieser ist es gewesen, der zuerst an der Stelle, wo Donau, Naab und Regen zusammenrinnen, also da, wo wir jetzt Stadtamhof und Regensburg sehen, eine Stadt erbaut hat, die er nach sich Hermannsheim benannte.

Das aber war nach der Sündflut 240 Jahre, und im Jahr der Welt 2070. Hier wurde dann schon Beratung und Gericht abgehalten; denn Herrmann gab die ersten Gesetze für Krieg und Frieden seinem Volk. Ihm folgten nacheinander seine vier Söhne Marsus, Gambar, Suevus und Vandalus in der Regierung, dann kamen Teut und Manus oder Almann daran, die man gleich Göttern verehrt und gerühmt hat, dann aber Norir, des Almann Sohn, und endlich Ingram, der vielbesungene Held.

Nach diesem Ingram ward dann hinwieder unsere Donaustadt Ingramsheim benannt; in der Volkssprache hieß es später Germannsheim. – Die Israeliten aber wußten schon zu Altvaters Isaak Zeiten von den großen Königen, so hier regiert hatten, und als die hier in Regensburg ansässige jüdische Gemeinde im Jahr 1519 vertrieben wurde, da behaupteten sie mit vollem Recht, von ihren Eltern, Großeltern und deren Ur-Ur-Stammvätern zu wissen, daß dieselben zur Zeit der syrischen Gefangenschaft hierher in die Stadt Germannsheim geführt worden seien, wo von da an ihre Heimat war.

Es blieben aber die hiesigen Juden auch später noch mit jenen zu Jerusalem in Verbindung, denn als dort die Kreuzigung Christi stattfand, richteten jene an ihre Brüder hier ein Sendschreiben, worin sie ihnen dieses große Ereignis meldeten und lange noch ward das kostbare Document hier in der Synagoge aufbewahrt.

Das also sind die allerältesten Dinge, welche ich Dir von Deiner Vaterstadt zu berichten vermag. Wie es aber später zur Römerszeit wurde, das lasse Dir" – so beschloß Frau Sage ihre Rede – "von meinem Freund Hanns Sachs, dem biedern Poeten, erzählen, der es in seinem Loblied auf die alte Castra Regina – will sagen – Veste am

Regen – Regensburg, recht anschaulich schildert. Höre nur:

Regensburg, die altberühmte Reichsstadt,
Tyberius Nero erbauet hat,
Ein Stiefsohn Kaisers Augusto,
Nachdem er ihn ausgesendet do
Mit einem großen gerüst´en Heer,
Dem Feind zu thun stark Gegenwehr
In der Northauer und Bayern Krieg.
Als nun man gewahn den Sieg,
Fing er an zu bauen die Stadt,
Die erstlich nach ihm den Namen hat:
Tyberiana genennet wurd´
Um die Zeit des Herrn Geburt.

Noch manch andere Namen sind aber im Lauf der Zeiten diesem einen beigefügt worden. Dieselben alle hier anzuführen sammt deren Deutungen dazu, das würde wohl dicke Bände füllen und für heute des Guten zu viel sein. Also in Kürze nur noch dies:

Nach einer Herzogin Reginapyrga führte auch einmal die Stadt ihren Namen (Reineborc heißt sie noch in einem altfranzösischen Heldengedicht. Ferner galten unter anderm: Regium, Regina, Ciburina, Quartana, Quadrata, Ratisbona bei den Lateinern, Reginopolis, Regniopolis, Hiaspolis, Hiastopolis, Imbripolis bei den Griechen, und als Ratabuna findet man Regensburg sogar drüben im

Lexicon der Hindostaner – also berühmt ist meine Vaterstadt!

Sie bekam auch früher schon ein schönes Wappen: Zwei silberne Schlüssel auf rothem Feld, so sieht es aus.

Wie aber die Stadt Regensburg zu diesen zwei Wappenschlüsseln gekommen ist, darüber sind die Gelehrten leider wiederum nicht einig, was ihnen – nichts für ungut – wie mich dünkt, des öfteren zu passiren pflegt.

Der Nürnberger Andreas Goldmayer, welcher um´s Jahr des Heils 1653 schrieb, und dem man es schon glauben muß, weil ja die Dortigen den weltberühmten Trichter besitzen, aus dem gar alle Wissenschaft fließt, sagt darüber wie folgt:

Als die Römer einstmals über den mächtigen Donaufluß gefahren kamen, ging es an ein hartes Streiten, denn leicht wurde ihnen da die Herrschaft just nicht gemacht. Als sie aber dann das feste Regensburg erbaut hatten, konnten sie ungehindert aus= und eingehen in´s Reich, denn es öffnete ihnen dazu gleichsam die Thore, und schloß sie doch auch wiederum ab. „Um dieses Passes willen hierauf die Stadt zwei Schlüssel zum Reich bekommen hat."

Ein Anderer, auf den ich auch große Stücke halte, sagt nun hinwieder so: „ja wohl, römischen Ursprungs sind die zwei Schlüssel schon, allein nicht des heidnischen, sondern des christlichen Rom, denn schon am ältesten Wappen unserer Stadt sieht man St. Petrus mit seinen bedeutungsvollen Schlüsseln." Ein Dritter kommt noch dazu, der gemeint: „gewiß, so ist´s, und ich weiß auch genau, warum: Die Regensburger sind von jeher gar fromme Leute gewesen, darum hat sie sogar A.D. 1052 der heilige Papst Leo IX. besucht und ihnen in´s Stadtwappen die beiden Himmelsschlüssel St. Petrus geschenkt!"

II.

Wie die alte sächsische Irminsûl zur Predigersäule geworden ist.

Vorm Thore zu St. Peter
Auf dreigestuftem Stuhl
Steht eine Bildersäule,
Die alte Irminsul.
Pangkofer.

Ein dunkles Steinkreuz mit reichem Bilderwerk geschmückt steht draußen vor dem einstigen Weih St. Petersthor.

Wer könnte ahnen, daß unter dieser ehrwürdigen Gestalt sich die alte Irminsul des heidnischen Sachsenvolkes birgt, welche vor mehr denn tausend Jahren Kaiser Carolus magnus umgestürzt hat! – Ja wohl, Ihr lieben Regensburger, so ist's, Frau Sage weiß es, und sie hat es mir getreulich berichtet, wie folgt: „Einst hatten die heidnischen Sachsen ihrem Gotte Irmin eine hohe Säule, die Irminsul, errichtet. – Ein düsteres Götzenbild aus schwarzem Gestein war darauf zu

sehen, das umgab ein seltsamer Zauber. Es scheute nämlich das Tages Licht, uns sobald der Morgen graute, verschwand es urplötzlich in den Grund, um erst in mitternächtlicher Stunde gar schaurig wieder hervorzukommen, wo es dann von den Sachsen abgöttisch verehrt wurde. Carolus magnus, der fromme Kaiser, erzürnte darob gar sehr, und schwur der Irminsul Vernichtung. Nicht so leicht aber konnte das geschehen; denn höllischer Zauber wird schwer bezwungen. Vergeblich stürmten die christlichen Helden zwei Nächte nacheinander den dunklen Erklawald, worin das Götzenbild seinen Spuk trieb. Am Morgen lagen neun Zehntel von ihnen erschlagen auf der Wahlstatt. Nur Zehn waren noch am Leben. Mit denen zog der Kaiser in der dritten Nacht abermals zum Kampf. Wie tobte und rauschte es da im Erklawalde! Die ganze Hölle schien losgelassen, und bald lagen des Kaisers letzte zehn Mannen blutend zu seinen Füßen. Da schrie er mit bebender Stimme in den Sturm hinein: „Herre Gott! verlaß Dich selber nicht!" –

Ein zuckender Strahl, Flammen rings herum, ein gewaltiger Schlag waren die Antwort, und ächzend stürzte der Götze sammt seiner Säule zusammen! Die Heiden aber blieben in übergroßem Schreck festgebannt stehen und verbrannten gar alle lichterloh, während dem großen Carolus von den Flammen kein Härlein versehrt wurde. Da pries er Gott den Herrn, ließ die Trümmer der Irminsul auflesen und verbrachte sie nach Regensburg, allwo ein frommer Bildner sie zu jenem schönen Kreuze umgeformt hat, das nun zum immerwährenden Gedenken an Karls Sieg über die heidnischen Sachsen allhier errichtet worden ist". So weit der Frau Sage Bericht.

In späteren, friedlicheren Zeiten breitete sich hier eine mächtige Linde aus, von deren Gezweig herab, zumal am Feste der nahen Kirche „Weih St. Peter", gepredigt wurde, und nannte man dann die Stelle: „auf der Predigt unter den Linden." – Als dann, wiederum später, der größte Prediger seiner Zeit „Bruder Berthold von Regensburg" vor vielen Tausenden von Zuhörern an dieser geweihten Stätte das Wort Gottes in seiner eigentümlich eindringlichen Weise verkündete, da wurde die alte Irminsul zur Predigersäule umgetauft, ein Name, der ihr bis auf den heutigen Tag verblieben ist. – Etwas ganz Besonderes will ich aber noch zur guten Letzt von diesem alten Glaubenswahrzeichen hier anfügen. Das lautet so:

Wenn einstens in Regensburg der Unglaube überhand nehmen sollte, so arg, daß man selbst am heiligen Charfreitag nimmer betet, dann wird die alte Predigersäule selbst zum Prediger; sie wird sich von der Erde erheben und dreimal um ihre Achse drehen, um die Menschheit an ihre Pflicht zu erinnern!

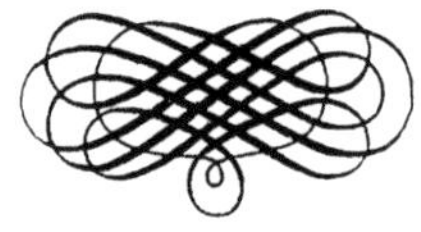

III.

Eine alte Legende von Kaiser Karl des Großen Feldstreit vor Regensburg.

Es drängen sich zuweilen auf einem winzigen Fleck Erde gar viele bedeutende Ereignisse zusammen, während oft ganz weitläufige Landstriche so zu sagen gar nichts zu erzählen haben.

Solch ein kleines merkwürdiges Flecklein ist für Regensburg zum Beispiel die Gegend um unsere Predigersäule herum. Hier soll Kaiser Karl der Große dereinst seinen vielberühmten Sieg über die heidnischen Ungarn erfochten haben, hier war der Siegbühel, wo er sein Siegeskreuz fand; hier stand auch die uralte Kirche Weih St. Peter, die er nach der Schlacht erbaute, und hier war die erste Niederlassung der opferwilligen Schotten oder Iren, die aus ihrem fernen Eiland herüberpilgerten und nach Regensburg Segnungen des Glaubens und der Wissenschaft brachten.

Das Alles habe ich mir ad notam genommen aus einem uralten Büchlein, in welchem es geschrieben steht, und will ich zunächst beginnen mit der „loblichen Legend von Kayser Karls Streit vor Regensburg."

Wer es nicht etwa schon weiß, der erfährt da, daß dem großen Carolus im Traum von einem Engel sein hoher Beruf als Heidenbekehrer geoffenbart worden ist, zugleich mit der Verkündung, er werde zum Zeichen dieser Sendung, ganz verborgen in der Erde, am Siegbühel zu Regensburg ein Kreuzlein mit dem Bildnis des Heilandes finden: „in hoc signo vinces!" in diesem Zeichen wirst Du siegen, hieß es also: denn mit diesem Kreuze sollte er überall des Sieges gewiß sein. – Gläubigen Sinnes zog Kaiser Karl gen Rom, wo er sich, wie ein folgsam Kind, zuerst den Segen des heil. Vaters Cölestin erbat, der ihm auch freudig erteilt wurde. Zur Bekräftigung dessen gab ihm auch der Papst als Geleitsmann seinen Legaten, den würdigen Bischof Apolinarus, mit. Also ausgerüstet, ging der Kaiser an sein großes Werk. Er durchzog mit seinem Heere mancherlei welsche Länder, bis er nach Bayern vor die Thore der Stadt Regensburg kam, die man ob ihrer im Viereck erbauten Mauern damals Quadrata, die viereckige Stadt, benannte. Hier hausten noch – wie jene Legende berichtet – gar mächtige und übermäßig reiche heidnische Ritter, die von dem Christentum gar nichts wissen wollten.

Über die Donau hatten sie auch noch keine Brücke gebaut; denn das würde ihre Sicherheit nur gefährdet haben. Ratlos stand also Karl am rauschenden Donaufluß; denn er konnte nicht hinüber. „Was thun?“ dachte da wohl der Kaiser – „wie werde ich der viereckigen Stadt beikommen, die so trotzig und kühn zu mir herüberblickt?“ Am besten wird e sein, ich lasse Schiff an Schiff reihen zur schwimmenden Brücke, und so setze ich dann leicht mit meinen Rittern und Mannen über!“ Gedacht, gethan, bald war die Schiffbrücke fertig, welche noch Jahrhunderte lang stand, bis unsere jetzige Steinerne erbaut worden ist. – Wie nun Karl gelandet hatte und westlich um die Stadt ziehend dahin kam, wo es beim Weih St. Peters-Thor zum Siegbühel heißt, fand er sogleich in der Erde das verheißene wunderbare Kreuz! (Sieh´, lieber Leser, hier oben ist ein Abbild davon.) Ich habe es für Dich mit herübergenommen vom hl. Berg Andechs, wo sie es in ihrer reichen Schatzkapelle jetzt noch aufbewahren.) – Wie wuchs Karls Zuversicht in seine hohe Sendung, als er dieses himmlische Zeichen fand! Er wählte sogleich diese Stelle zu seinem Lager, und bezwang von hier aus nach hartnäckigem Kampf – der ein volles

Jahr lang gedauert hat – die Stadt. Als dies glücklich vollbracht war, berichtet die Legende, schuf er darinnen löblich christliche Ordnung. Das Heidentum wurde strenge geahndet, wer sich aber taufen ließ, verschont. – Nun vermeinte Carolus ruhig seines Weges weiter ziehen zu können, dahin, wo neue Aufgaben seiner harrten, etwa ins Schwabenland, nach Sachsen oder Brabant. Kaum hatte er aber den Rücken gekehrt, als schon die wilden Ungarn herbeistürmten und alles neu Geschaffene wieder zu vernichten drohten. In großer Angst entsendete die erschreckte Quadrata ihre Boten an den Kaiser und flehte ihn um Hilfe an. Eilig kehrte er auch sogleich zurück und nun entspann sich vor den Thoren der Stadt jene furchtbare Schlacht, von der es im alten Buche heißt: „Die Schilde und Banner erglänzten wie das gestirnte Firmament in winterkalter Nacht, und das Blut floß in so reichlichen Strömen, daß das ganze Erdreich davon erweicht wurde!“ Drei volle Tage lang dauerte das wilde Getümmel! Bald siegten die Einen, bald die Anderen. Schon hatten die Ungarn das christliche Heer wieder zurückgedrängt bis zu Karls Lager und Alles schien verloren. Da fiel der Kaiser demütig zu Boden und betete um Gottes Hilfe. Und siehe da: Plötzlich zuckte es vom Himmel wie ein Blitz, und ein lichter Engel in weißem Gewand auf weißem Rosse reitend, kam herabgesprengt, der stellte sich in die Reihen der Kämpfer, focht gar tapfer mit den Christen und trieb die Feinde landeinwärts bis über den Bach Mertanie (?), der so hoch anschwoll, daß keiner mehr herüber konnte und alle samt und sonders niedergemacht wurden. In der Gegend von Harting da hat man sie begraben und ist der riesige Grabhügel dort noch heute zu sehen. Auch der christlichen Streiter fielen 3000! – Die ließ der Kaiser alle am Siegbühel bestatten und ober ihrem Grabe eine Kirche erbauen, die er später „Weih St. Peter" taufte.

IV.

Weiß St. Peter.

So nannte Kaiser Karl die Kirche, welche er zum Denkstein des Sieges über die Ungarn erbaut hat. Nichts ist mehr davon übrig, als der Name, den eine gar wunderbare Sage begründet.

Just so, wie hier auf Erden die Werke des großen Carolus von der Kirche geweiht und gesegnet wurden, so weiß man im Volk, daß auch der Himmel selbst sie wohlgefällig betrachtete und seine segnende Hand darüber gebreitet hat. Man weiß, daß Engel dem Kaiser Carolus erschienen, Engel ihm aus größter Not halfen, was Wunder, wenn nun auch noch St. Petrus selbst vom Himmel herab kömmt, um seine neu errichtete Kirche einzuweihen! So nämlich erklärt uns Frau Sage gar lieblich den Namen der Kirche „Weih St. Peter“:

Es waren einmal die sieben frommen Brüder aus Schottland, welche neben dem Kirchlein hausten: Marian, Mantantin, Mürchertach, Clemens, Gervasius, Isaak und Donatus im nächtlichen Gebete versammelt. Da hörten sie plötzlich drüben wunderlieblichen Gesang ertönen, Lichterglanz erfüllte den hohen Raum und der Apostelfürst St. Peter, von vielen, vielen Engelein umgeben, erschien in prächtigen, bischöflichen Gewändern angethan, und nahm in feierlichem Ernst die Weihe der Kirche vor. Als dann am Morgen Kaiser Karl sammt der hohen Clerisei zu gleichem Zwecke herbeigezogen kam, und diese wunderbare Kunde vernahm, da waren sie alle, alle einig, daß sündigen Menschenhänden hier nichts mehr zu thun erlaubt sei!

Auch der hl. Vater zu Rom freute sich darüber gar sehr und begabte die Kirche mit siebenfältiger Gnade und Barmherzigkeit.

Das aber geschah aus siebenerlei Gründen, wie männiglich hier wissen soll:

1. Weil der Siegbühel vom Engel Gottes dem Kaiser Carolus angegeben wurde;
2. weil nach des Engels eige von Karl das Kreuz dort gefunden ward;
3. wegen Überwindung der hoffärtigen Heiden zu Regensburg;

4. wegen des Feldstreites und Sieges über die Heiden durch den Engel;
5. weil über 3000 Martyrer da liegen;
6. wegen der hl. 7 Brüder, welche da wohnten und Wunder wirkten;
7. wegen der wunderbaren Weihe durch St. Peter, weßhalb die Kirche auch Weih St. Peter genannt worden ist.

Auch die Kaiserin kam damals mit ihrem Sohn Karl nach Regensburg, um die allgemeine Freude zu teilen. Wie dann hier Alles zu Gottes Ehren vollendet war, zogen sie sammt und sonders nach Aachen, wo der edle Herr Carolus im Jahre des Heiles 815 am St. Agathen-Tag selig im Herrn verstarb.

V.

Warum die sieben frommen Brüder aus Schottland sich hier niedergelassen haben.

Von den sieben frommen Männern, die sich in der Nähe von Weih St. Peter niederließen, wird gewiß ein Jeder auch gerne noch etwas hören.

Es kamen einmal vor langen langen Jahren – im Volke geht die Sage, es sei zu Kaiser Carolus Zeit gewesen – sieben edle Brüder aus Schottland hierher. Die hießen: Maurian und Mantantin, Mürchertach, Clemens, Gervasius, Isaak und Donatus. Sie zogen von ihrem Eiland herüber nach Aachen, Bamberg und Regensburg. Noch viel weiter wollten sie aber pilgern, nach Rom, an die Gräber der Apostelfürsten, oder gar ins gelobte Land, wo unser lieber Herr und Heiland gelebt und gelitten hat. In Regensburg zu Niedermünster fanden sie aber vorerst so freundliche Herberge, daß sie sich gerne hier länger aufhielten und viel schöne, zierliche Bücher auf Pergament für die guten Regensburger schrieben. Eines Tages aber meinten sie doch, es sei nun an der Zeit, ihre große Pilgerreise zu vollenden und ließen sich trotz aller Bitten ihrer Gastfreunde nicht länger mehr halten.

Das war nun eine wunderbar glückliche Fügung, wie ihr gleich erfahren werdet, denn ein Menschenleben wurde dadurch gerettet. Als sie nämlich just über den „Bürgerberg", wo damals die Richtstätte war, schritten, überfiel sie ein furchtbares Unwetter, so daß sie nolens volens verziehen und hier Schutz suchen mußten. Wie sie nun eingeschlafen waren, hatten sie ein merkwürdiges Traumgesicht. Es erschien ihnen nämlich ein Engel, der ihnen offenbarte, ganz in ihrer Nähe hier oben, sei ein unschuldiger Mann, Namens Sandolf, nach ungerechtem Urteil aufgeknüpft worden. Sie aber sollten hier verweilen und wohl aufmerken, wohin die liebe Sonne ihre ersten Strahlen hinsende, denn da müsse fürder ihres Bleibens sein. Verwundert ob des seltsamen Traumes erwachten die Brüder. Wie staunten sie aber erst, als sie wirklich den unglücklichen Sandolf vor sich am Galgen aufgeknüpft sahen. – Vertrauensvoll beteten sie sogleich für ihn zu Gott, und siehe – er wurde wieder lebendig. Da priesen sie den Himmel gar sehr und dankten in großer Freude. Noch einmal blickten sie nach Regensburg zurück. Da stieg gerade hell leuchtend die Sonne empor und sandte ihren ersten schönsten Strahl hinüber auf das Kirchlein Weih Sct. Peter! Wieder gedachten sie ihres Traumes, und der Weisung des Engels folgend, kehrten sie sogleich dahin zurück. Ein Jeder von ihnen baute sich eine stille Klause, nahe bei der Kirche und der dankbare Sandolf trug ihnen tagtäglich die nötigen Lebensmittel zu.

Wie das alles die Regensburger vernahmen, hatten sie gar große Freude und errichteten ihren schottischen Freunden an dieser Stelle ein Klösterlein, das hieß man auch Weih Sct. Peter. Darinnen wirkten die Brüder des Guten in Hülle und Fülle, unterrichteten die liebe Jugend und pflegten dort gar herrliche Künste und Wissenschaften. Das ist die Sage von der ersten Ankunft der Schotten in Regensburg zu Kaiser Carolus Zeiten.

VI.

Am Königshof

Rechts von der Predigersäule führt die Maxstraße zur inneren Stadt und nicht weit davon heißt es jetzt noch „am Königshof", obwohl so gar nichts Königliches da zu sehen ist. Zwischen Häusern und Mauern, ein schmaler, einsamer Weg. Was für Könige mögen da wohl gehaust haben, deren Namen also verschollen ist, daß von ihrer Gegenwart nichts anderes mehr spricht, als jenes kleine Wort an der Ecke? – Mein lieber Leser! es waren doch keine geringeren als die Karolinger, welche hier ihren Wohnsitz hatten und in dem stattlichen Bürgershause dort ist der letzte Rest ihres Palastes verschwunden, die einstige Hofkapelle nämlich, Sct. Benedikt geweiht. Ihrer hohen Bestimmung wurde die Benediktenkapelle zuerst beraubt, um einem Köhler als Werkstatt zu dienen, das war um´s Jahr 1570. Später benutzte man sie zur Scheune, und als solche habe ich sie noch gekannt, vor etwa 30 Jahren. Da konnte man noch die rundbogigen Fensterlein unterscheiden, obwohl sie längst zugemauert waren, gleichwie das Eingangsthor unten und jenes oben, welches von der Empore aus in den Palast geführt hatte. Wie ich in den alten Raum, den man so sehr entehrt hatte, jenesmals eintrat, da wurde mirs schier traurig ums Herz, und ich stellte gar ernste Betrachtungen an über die Vergänglichkeit irdischer Größe. Wie ich nun so dahinträumte, da war mir´s als werde hier alles wieder lebendig, als wüßte ein jeder Stein zu erzählen von vergangener Pracht und Herrlichkeit. Die Wände sah ich bedeckt mit ehrwürdigen Heiligengestalten auf goldigem Grund gemalt, und fromme Beter knieten rings um mich her.

War es doch hier, wie uns ein Mönch aus Sct. Gallen berichtet, daß Held Carolus in der Bittwoche vor unseres Heilandes Himmelfahrt sich zum Bittgang rüstete, hinüber gen Weih Sct. Peter, und am nächsten Tag dann nach Sct. Emmeram. Unbedeckten Hauptes und baarfuß schritt er, dem sonst Alles sich beugen mußte, demütig hinter dem Kreuze einher. Das ist ein gar schönes Bild jener ersten glaubenseifrigen Zeit, welches heute und immerfort festgehalten zu werden verdient.

Noch Anderes aber erfuhr ich hier, was ich ebenfalls nicht für mich behalten will; denn auch oben öffnete mir Frau Sage den Eingang. Sie schritt mit mir Stieg´ auf Stieg´ ab, über Gänge und Säle, an Türmen und Türmchen vorbei, die von außen hereinlugten, bis sie endlich in einem der Gemächer stehen blieb und hinwies auf einen müden, kranken Mann, der unter vielen Rittern und Herren der vornehmste zu sein schien.

„Das ist Ludwig der Deutsche", raunte sie mir in´s Ohr, – „schau´ Dir ihn an –, der war zu jener Zeit, es mag so um´s Jahr 870 gewesen sein, des Lebens satt, und hatte just all seine irdischen Güter an seine Söhne verschenkt, und manch ein Stück davon an Kirchen und Klöster, zumal der „alten Kapelle" hier, deren Stifter er sich nennt; er dachte zu sterben und sehnte sich nach der ewigen Ruhe. Die aber ward ihm damals noch nicht beschieden, denn in Böhmen und Mähren drüben tobte Aufruhr über Aufruhr. Darob grämte sich der kranke Löwe gar sehr und seine Hofleute hatten alle Mühe, ihm die Zeit zu vertreiben. – Eines Tages nun hörte man ihn urplötzlich hell auflachen, als ihm einer, den er auf heimliche Kundschaft ausgesendet hatte, etwas in´s Ohr raunte. Was das gewesen sei, erfuhr damals noch keiner. Spät Abends jedoch rückte unversehens eine Reiterschaar ein unter frohem Trompetengeschmetter, so daß die Regensburger mit Kienfackeln aus ihren Häusern kamen und fragten, was denn da los sei. In Regensburg liebten sie nämlich auch damals schon etwas Neues zu hören und zu sehen, just so wie heute noch". Was aber war's , das die Reitersleute so glücklich machte, fragte ich? „Sie hatten eine schöne Beute gefangen, nämlich des böhmischen Herzogs Zwentibold holdseliges Töchterlein samt all ihren Schätzen und bräutlichem Geschmeide, just wie sie ihrem Bräutigam, dem Herzog Wiztnach, der ebenso, wie ihr Vater, König Ludwig's arger Feind und ein gar tückischer Kumpan war, entgegenfuhr. Das war's, was jene Kundschafter dem König gemeldet und worüber dieser so herzlich gelacht hatte. Es ist aber auch ein guter Streich gewesen, über den selbst ein kranker König lachen konnte! Dabei allein beruhigten sich aber Ludwigs's Tapfere nicht, sie zogen noch einmal aus und fingen auch noch den Verräter selbst. Den brachten sie mit Banden und Ketten beladen nach Regensburg, wo er von allen anwesenden böhmischen, bayerischen und fränkischen Getreuen Ludwig's zum Tod verurteilt wurde. Der König schenkte ihm wohl das Leben, allein nach der entsetzlichen Sitte jener Zeit ließ er den Verbrecher blenden. Hierauf wurde derselbe dann im Kloster Sct. Emmeram eingesperrt, wo er Zeit hatte, all' seine Verrätereien zu bereuen und zu büßen und auch seine letzte Ruhestätte fand. – Als dieser arge Feind gebändigt war, erholte sich Ludwig so weit, daß er noch sechs volle Jahre das Reich regieren konnte. Was aber damals mit der holden Prinzessin geschah, das habe ich nicht erfahren, – will hoffen, es sei nichts Böses gewesen. Soviel ist gewiß, dass in jenen Zeiten zu Regensburg das bekannte Sprichwort entstanden ist:

„Wer weiß, wer die Braut heimführt".

Liebe Frau Sage, sprach ich, als diese Erzählung zu Ende war, laß´ mich doch noch einen Blick in den alten, geräumigen Burghof werfen, da muß sich ja doch so Manches zugetragen haben, muß so Vieles aus- und eingegangen sein zum Herrschersitz der mächtigen Karolinger! Davon möchte ich auch noch etwas wissen. „Ja wohl", entgegnete sie, "da gäbe es wohl übermäßig Vieles zu erzählen; es wäre aber für jetzt schier des Guten zu viel. Sollst daher nur noch hören, wie des Königshofs glänzendster Tag auch der Beginn seines traurigen Endes wurde:

„Als König Karlmann zu Oetting im Sterben lag, da berief er nämlich seinen Bruder Ludwig den Jüngeren an sein Krankenbett. Nicht reden konnte er mehr, nur schriftlich vermachte er ihm noch das Reich und legte ihm Weib und Kind an´s Herz, – dann schloß er die Augen für immer.

Herr Ludwig aber stand nun am höchsten Gipfel seiner Macht, denn das ganze, weite Reich, alle Stände, alles Volk nahmen ihn gar gern zum König an und als er eilig gen Regensburg heimritt, fand er da unzählige seiner Lieben und Getreuen, die ihn jubelnd am Palast seines großen Ahnherrn, hier am Königshof, erwarteten.

Wie war es da lebendig an jenem Tag! Sie zogen ein in bunten Schaaren, Reiter und Fußvolk in glänzenden Waffen angethan, mit ihren fliegenden Fähnlein voran. Schöne Frauen mit zierlichen Schleiern und blitzenden Edelsteinen schmückten die offenen Bogengänge, – o welch ein buntes Leben, welch eine Pracht hat dieser jetzt so verlassene Winkel damals erlebt! Auch Ludwigs edles Gemahl blickte vom Söller herab und sein holdseliges, einziges Söhnlein.

Schon nahet der König mit seinen stattlichen Rittern, alles winkt, alles jauchzt ihm entgegen; da im Schauen und Rufen und Jubeln haben sie, wie es scheint, des Kleinen vergessen, der sich nach Kinderart weit hervorbog – wohl, um den Vater zuerst zu begrüßen. O weh! just, als dieser hereintritt, fiel ihm sein Kind mit zerschmetterten Gliedern zu Füßen! Also schauerlich endete König Ludwig des Jüngeren Huldigung! – Kaum ein Jahr überlebte der Ärmste sein vielliebes, einziges Kind. Der Königshof aber stand nunmehr öde und verlassen, bis er endlich im Lauf der Jahrhunderte ganz und gar vom Schauplatz verschwunden ist". –

„Memento mori!"

VII.

Vom Herzogshof, der Heidenkapelle und dem Römerturm.

Wenn wir nun weiter hineinwandern in die Stadt, grad´ aus, wie sich´s von selbst ergibt, so kommen wir an einen großen, öden Platz.

„Wie heißt denn der?“ – höre ich meine Begleiter fragen, und: „was ist denn das für ein schwarzer Turm dort am Ende, der so finster und trotzig auf die Menschen herabschaut? Was gibt es in der Kirche da zu sehen und weißt Du etwa, wer die zwei seltsamen steinernen Alten waren, die ihren Eingang hüten, und wer dort in der schönen Burg gewohnt hat?“ Haltet ein mit Euren Fragen, liebe Freunde, sonst könnte meine Wissenschaft in die

Brüche gehen! Also, wie der Platz heißt, soll ich sagen! – Das ist ganz einfach der alte Kornmarkt, wo sonst die Landleute ihr Getreide feilboten und den man jetzt nach dem großen Feldherrn: Moltkeplatz getauft hat. In alter Römerszeit, da hatte dieser Platz eine gar hohe Bedeutung; stand doch hier das Kapitol, wo über Wohl und Wehe des Staates die allerwichtigsten Dinge verhandelt wurden. Dann war auch an der Stelle, wo du jetzt die Kirche *zur alten Kapelle* siehst, damals ein Tempel der Göttin Juno, den man ihr übrigens jetzt streitig machen will – ich weiß selber nicht warum. Es geht halt oft so in der Welt!

Mich dünkt, im Volk weiß man solche Dinge viel besser und nicht umsonst wird es sein, daß heute noch das kleine Kapellchen am Eingang in die große Kirche noch immer die Heidenkapelle genannt wird, obwohl man sie längst schon nach Sct. Rupert als die Rupertuskapelle eingeweiht hat. In dieser kleinen Heidenkapelle da steht ein alter Taufstein, von dem auch die Sage geht, er habe noch als heidnischer Opferaltar, später aber zur Taufe Herzog Theodo´s gedient, der selbst da noch einst den Göttern geopfert haben soll.

Seine edle Gemahlin, Sct. Regintraud, König Childeberts des Franken Tochter, die vermochte aber gar viel über ihren heidnischen Gatten, und so kommt es, daß er auf ihren Vorschlag hin eine ganze Gesandtschaft an den hl. Bischof Rupert schickte und ihn hieher in seine Burg zum Besuch aufforderte. Als dann der Heilige wirklich kam, da ging der Herzog mit Frau Regintraud und seinem ganzen Hofe dem verehrten Gaste mit großem Gepränge entgegen. – Wie aber Sct. Rupert hier am alten Kornmarkt über die Segnungen des christlichen Glaubens predigte, und denselben gar anschaulich erklärte, da mußte auf Wunsch des Herzogs alles Volk herbeikommen und ihn anhören, und wie dann gar Herzog Theodo´s Taufe hier im alten Römer- oder Heidenturm drüben von St. Rupertus selbst vorgenommen worden war, da folgten sogleich sein Sohn Theodebert samt den Hofleuten, den Rittern und Bürgern, sowie auch das ganze Volk zu Regensburg, seinem landesväterlichen Beispiel nach. Die Freudenfeste ob dieses allgemeinen und großartigen Glaubensbekenntnisses sollen hier mehrere Tage

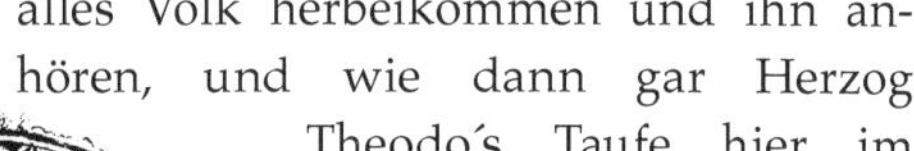

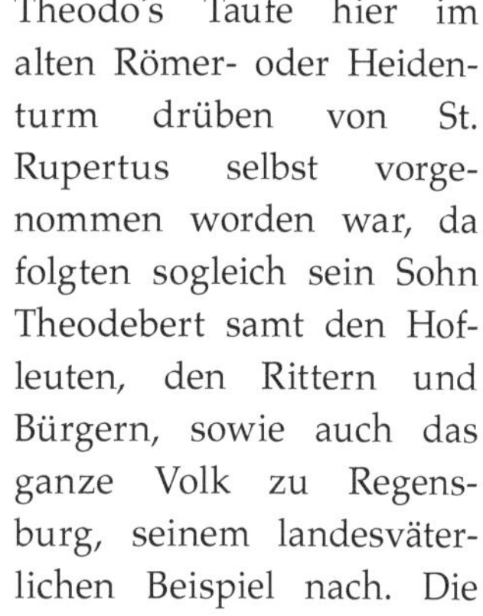

gedauert haben. Als aber Herr Theodo gar reumütig seine erste Beicht an den heiligen Rupertus abgelegt hat, da ließ er zu stetem Gedenken diesen feierlichen Akt in Stein abbilden. Du siehst es

hier am Eingang der Kirche, und das sind die zwei Alten, nach denen Du mich vorhin gefragt hast. – Im Römerturm aber da richtete sich der Herzog seine Hauskapelle ein; denn es war ja derselbe damals, wie noch vor nicht langer Zeit – mit der alten Burg der Agilolfinger durch einen Schwibbogen verbunden. Drüben aber entstand eine schöne Kirche, welche wir heute noch als die *alte Kapelle* kennen, und es weihte diese allererste christliche Kirche in Regensburg der hl. Bischof Rupertus zu Ehren Unserer Lieben Frau ein, später erst wurde sie aber von Kaiser Heinrich II.

sehr erweitert. Gar manche Fürstengeschlechter gingen hier betend aus und ein, als da sind: Die Agilofinger und die Welfen, die Karolinger und die Sachsen und manch andere vornehme und geringe Leute noch dazu. In ganz besonderer Ehrung stand aber die alte Kapelle bei den Karolingern, von denen sie mit reichen Gütern und Schätzen überhäuft wurde. Leider ist davon nichts mehr vorhanden. Das kostbare Geschenk Kaiser Heinrich des Heiligen haben wir aber immer noch aufzuweisen, und ist dies gewiß eines der seltensten Art. Als er nämlich von seiner Krönung aus Rom heimkam, da brachte er von dort der Kirche zur alten Kapelle das Bildnis der hl. Jungfrau mit dem Jesuskindlein, das vom hl. Apostel Lukas

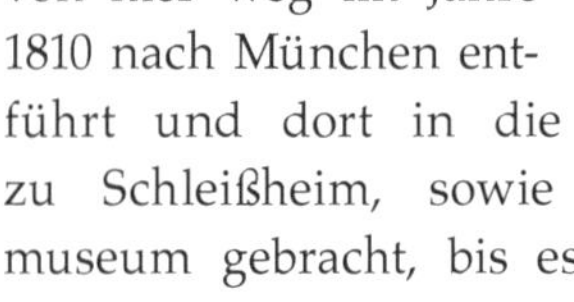

selbst gemalt worden war, mit heim. Das hatte man von hier weg im Jahre 1810 nach München entführt und dort in die große Gemäldesammlung zu Schleißheim, sowie später in das Nationalmuseum gebracht, bis es endlich auf Veranlassung des hochwürdigsten Herrn Bischofs Ignatius wieder hierher zurückgegeben wurde. In großer, feierlicher Prozession haben sie es dann im Jahre des Heils 1864 unter Jubel der Bevölkerung an seine alte Heimstätte zurückgebracht.

Von dem alten Römerturm muß ich aber jetzt auch noch eine Geschichte erzählen, die ich seit meiner allerfrühesten Kindheit weiß. In diesem alten Heidenturm soll auch einmal viel Abgötterei getrieben worden sein. Man huldigte da einer Göttin Fortuna redux, wie die Sage geht. Was ich aber eigentlich von ihm erzählen wollte, ist Dieses: Als die Römer an diesem Turm bauten, da waren sie gerade mit den großen Quadern so weit gekommen, als wir dieselben jetzt noch sehen, wie unser Herr Jesus am Kreuze starb, und die große Finsternis sich über die ganze Erde breitete. Darob ergriff die Arbeiter ein so großer Schreck, daß sie alle davonliefen. Später wurde der Turm wohl vollendet, allein, wie ihr seht, in ganz anderer Weise, mit glattem Mauerwerk. Die davon scharf abgegrenzten Quader blieben so für unsere Stadt ein stetes Wahrzeichen zur Erinnerung an unsers lieben Heilands Erlösungstod. Sonst war hier noch solch ein Wahrzeichen an einem Turm bei Sct. Clara, da aber sind´s keine Quadersteine gewesen, sondern es war ein Balken, den die Arbeiter vergessen hatten, und der nun weit hinaus in die Lüfte ragte. Weihbischof Albert Ernst von Wartenberg hat ihn im Jahre 1685 selbst noch gesehen, und erzählt davon in seinen Aufschreibungen.

Um aber auf den Heidenturm zurückzukommen, will ich noch sagen, daß der Turm und die Kapelle und die Burg nebst anderen Baulichkeiten mehr alle zusammengehörten und den gar ansehnlichen Palast der Agilofinger bildeten; da wo jetzt noch der alte Herzogshof steht, der nunmehr das k. Forstamt in seinen Mauern birgt. – Zu guter Letzt wollen wir hierher noch einen Blick wenden. Wohl manch eine Änderung wird sie im Lauf der Zeit erlitten haben, diese alte Burg, mit samt ihrem zackigen Erkerlein, die Einen wollten es so, die Anderen wieder anders, und gar Viele sind´s ja gewesen, die hier gelebt, geliebt, gehaßt und gelitten haben, von Herzog Theodo, des Adelgers Sohn, angefangen, bis zu jenem unglücklichen Tassilo, von dem wir Alle wissen. – Auch der Frauen viele haben hier zum alten Erker herabgeschaut. Eine unter Allen ist es aber, um die sowohl Geschichte als Sage ihre unverwelklichen Kränze der Liebe und Bewunderung schlang – Theodolinde, meine ich, Herzog Garibald´s vielgerühmtes, vielbesungenes, liebliches Kind! Wie mag es einst hier so lebendig gewesen sein am alten, jetzt so öden Kornmarkt, als jene stattliche Schaar von Rittern in glitzernden Helmen, mit reich geschmückten Gewändern, aus dem fernen Longobardenreich dahergezogen kam gen Regensburg, um für ihren jungen König

Autharis um die Hand der Prinzessin zu werben! Ich sehe sie lebendig vor mir, just, wie die Sage berichtet: Voran zieht ein ehrwürdiger Greis im Silberhaar, und wer mag wohl der goldgelockte Jüngling sein ihm zur Seite, der so stolz und so edel einherschreitet? Ist das wirklich nur ein Sänger des Königs? –

Sie treten Alle vor den Herzog – die Zwei voran, und tragen gar feierlich ihr Begehren vor. „Mit Freuden, Ihr Herren", spricht Garibald „vertrau´ ich Herrn Authar, dem werthen Helden, mein vielgeliebtes Kind." – Gar gerne vernahmen solche Antwort die Boten.

„Herr Herzog" – wie wär´s, „gestattest Du wohl, daß Theudlinde, die Holde, uns selbst den Willkommgruß kredenze. Wie gerne wird Autharis solch eine Ehrung seiner Boten vernehmen!" – Der junge Sänger war´s, der also sprach zum Herzog, und dieser nickte huldreich dem schönen Jüngling Gewährung zu. Als nun fein sittsam die minnigliche Theudlinde mit ihrem güldenen Becher erschien und den Trank kredenzen wollte, da griff der kühne Sänger nach ihrer Hand, drückte sie warm und innig und seufzte leise: „O Theudlind´!" – Wie kommt´s Prinzessin, daß Du so hoch errötend und erschreckt Dich von dem kecken Manne wendest, so ganz ohne Groll? Hat Dir´s der Sänger etwa angethan? und Du gehörst doch seinem König zu eigen! „O Theudlinde!"

Sie klagt es der Amme in Minne und Leid! – „Sei getrost, süßes Kind", die treue Alte spricht, „glaub´ mir, solch eine Kühnheit hat nur Autharis Dein Verlobter, selbst gewagt, glaub´ mir, er und kein Anderer ist Dein holder Sänger!" –

Bald kam der Abschied, so bang und schwer. – Die Bayern geleiten ihre Gäste bis zur Grenze und sieh´– rasch entschlossen greift nun der kühne Sänger zur Axt, die er einem der Mannen entreißt und wuchtig spaltet er einen riesigen Eichbaum, so tief, dass keiner die Waffe mehr herausbringt! –

„Ihr Bayern", lächelt er, „merkt´s wohl!
Solche Streiche führt nur König Autharis!
Schön Gruß, Theudlind, du Holde!"

VIII.

Geistliches und Weltliches aus dem alten Niedermünster.

Vom alten Kornmarkt (Moltkeplatz) aus ist es ganz nahe nach Niedermünster, und hinter dieser Kirche, gegen die alte Halleruhr zu, steht jetzt das neue Sct. Erhardihaus, ein schön und stattlich Gebäude, das man da aufgeführt hat, wo einst der heilige Erhard seine bescheidene Zelle hatte. – Von wannen er gekommen, das erzählt man sich in Regensburg verschieden. Die Einen sagen, er sei ein Franke, Andere nennen ihn einen Britten, während die Dritten meinen, seine Heimat sei hier zu Land gewesen, wo er sehr vornehmem Geschlecht entsprossen, nebst seinem Bruder Hidulf und dem seligen Albert, beider Freund, beim heil. Emmeram in die Schule gegangen sei. So viel steht fest, und das bestreitet keiner, daß der heilige Mann ein überaus tugend- und segensreiches

Leben hier, wo jetzt Niedermünster ist, führte, und daß er sich da so etwa im Anfang des achten Jahrhunderts eine Klause erbaut hat. Nicht weit von der Stelle sieht man auch jetzt noch

Sct. Erhardi Brünnlein,

das er selber grub, und in dem das gar allerbeste und heilkräftigste Wasser enthalten sein soll, was man sich nur denken kann. Selbiges Brünnlein hatte zu meiner Zeit noch die alte Steinumfassung, welche ich hier oben angegeben habe. Später wurden die Steine verworfen und damit das Brünnlein seines altehrwürdigen Ansehens beraubt.

Neben Zelle und Brunnen errichtete dann Sct. Erhard noch eine unterirdische Krypta mit Säulen, wo er Gottesdienst hielt für die frommen Jungfrauen und Witwen, welche hier schon von Alters eine Gemeinde bildeten und ein stillbeschauliches Leben in Gebet und Arbeit in kleinen hölzernen Klausen führten. Als dann Sct. Erhard im Jahre 764 selig im Herrn verstarb und in seinem Kirchlein begraben worden war, da wollten seine Schülerinnen bei ihm bleiben und treue Wache an seinem Grabe halten. Im Volke hochgeehrt, waren sie allerwärts als Sct. Erhards Nonnen bekannt, und viele fromme Wallfahrer kamen daher, um mit ihnen am Grabe des Heiligen ihre Andacht zu verrichten.

Unter diesen finden wir auch Frau Judith, Herzog Heinrichs von Bayern Gemahl, die edle Tochter Kaiser Arnulfs. Auch sie liebte die Sct. Erhards-Nonnen und soll schon zu Lebzeiten ihres Gatten in inniger Vereinigung mit denselben gestanden haben. Als dann Herr Heinrich gestorben war, da baute die Herzogin hier ein ansehnliches Kloster anstatt der armseligen Zellen, und begabte es mit vielen großen Heiligtümern. Es geht im Volk die Rede, sie habe dies alles nicht allein aus Frömmigkeit gethan, oder, wie man oftmals meint, weil sie es der Kaiserin Hemma drüben in Obermünster habe gleichthun wollen, sondern zur Sühne für ein all zu grausam strenges Gericht, das ihr Gemahl einst über die besiegten feindlichen Ungarnführer verhängt hatte. Dasselbe betraf nun allerdings nur jene schlimmen ungarischen Fürsten Butz, Lel, Sur, Tax und Schab, die im Übermut geprahlt hatten, „ihrer Pferde seien so viele, daß sie gar alle Wässer hier zu Land austrinken könnten, und deren Hufe würden sämtliche Städte des Westens zerstampfen – sie aber werde man erst dann besiegen, wenn der Himmel über ihren Köpfen zusammenkrache und der Erdboden sie verschlänge." Wie dann bald Gottes Strafe die Ungarn am Lechfelde erreichte, wissen wir ja Alle. – Obwohl es nun, wie gesagt, nur jenen argen Feinden des Vaterlandes galt, so meinte dennoch die milde Frau Judith, als sie von den grausamen Martern hörte, zu denen sie verurteilt wurden, ihres Eheherrn Strafgericht über die Bösewichter sei doch allzustreng und eines christlichen Fürsten nicht würdig ausgefallen, und das veranlaßte sie zu allerlei frommen Gelöbnissen als Sühne hiefür. – Da aber, wo jene ihre Strafe erleiden mußten, heißt es heute noch zur Richtbank, und den ganzen Platz nennt man nach ihnen Hunnenplatz. Gleich nach Ableben ihres Gatten fing nun Judith damit an, daß sie ins gelobte Land pilgerte. Als Beschützer auf dieser weiten Fahrt erbat sie sich den ritterlichen Grafen Rasso von Andechs und Diessen zum Geleit, und so wanderten sie mitsammen von einer geheiligten Stelle zur andern in gar großer Frömmigkeit und brachten die kostbarsten Reliquienschätze mit heim. Die lagen alle fein sorgsam in einem schönen südländischen Kästchen aufbewahrt, und Judith verbrachte dieselben, wie sie nach Hause kam, in ihre neue Kirche zu Niedermünster. Da ist vor Allem die schöne Marienstatue samt dem Jesuskind zu nennen, welche man dort noch immer hoch verehrt, dann ein Schleier der hl. Jungfrau, ein Stück von ihrem Gürtel, ja sogar Strümpfe und Handschuhe, die sie getragen haben soll, und allerlei Geräte auf dem Hause zu Bethlehem.

Zwölf höchst vortreffliche und vornehme Frauen vereinte dann die Herzogin um sich und bildete auf diese Weise den ersten Klosterconvent zu Niedermünster. Hier lebte sie ein überaus gutes, beschauliches Leben und betete treulich für ihren verstorbenen Gemahl, bis sie selbst in Frieden hinüberging. Das aber war so etwa ums Jahr des Heils 970. Unten in der Kirche wurde sie dann begraben.

Nach Judiths Tod lebten die Frauen zu Niedermünster in ihrem Sinne weiter und pflegten da auch der edlen Wissenschaft und Kunst. Gar vieles davon ist uns bis auf den heutigen Tag erhalten geblieben und zählt zu den bedeutendsten und reichsten Schätzen der Münchener Bibliothek. – Im Lauf der Zeiten wurde dann das Kloster, welches sich später erst in ein sogenanntes adeliges Damenstift umwandelte, von mancherlei Wechselfällen heimgesucht.

Am schmerzlichsten war es für sie, daß, als ihr Kloster schier gänzlich von einem furchtbaren Brand verwüstet wurde, auch jegliche Spur vom Grab des heil. Erhard, den sie als ihren ersten Stifter so hoch verehrten, verschwunden war. Alles war ja drunter und drüber gegangen und Nichts an seinem alten Platz geblieben. Nur ein morsches hölzernes Kruzifix wurde wunderbarer Weise verschont. Hier liebten es nun die Nonnen ganz be-

Kunigunde v. Uttenhofen,

sonders, ihr Gebet zu verrichten und namentlich war es **Kunigunde v. Uttenhofen,** die gottbegnadete Dichterin und auch die würdigste unter allen Chorfrauen von Niedermünster, welche man da oftmals knien sah. Eines Morgens nun – sie hatte soeben ein schönes Lied zu Ehren des hl. Klosterpatrons gedichtet – betete sie wie gewöhnlich hier in tiefster Andacht versunken, als sie plötzlich eine glühend heiße Berührung an der Wange verspürte. Ganz erschreckt sah sie auf, und gewahrte, wie die Hand des Christus vom Kreuz sich gelöst hatte und hinab zur Erde deutete. Der Bewegung mit ihren Augen folgend, erblickte nun Kunigunde vor sich eine offene Gruft, und jubelnd erkannte die fromme Beterin das Grab des hl. Erhardus!

Schnell durcheilte diese wunderbare Kunde das ganze Kloster, und auch die Stadt Regensburg, so daß Viele herbeigewallt kamen, um hier Gottes Fügung zu preisen. Noch heute hängt das alte Kreuz an jener Stelle, St. Erhards Gebeine aber hat man in ein prächtiges Kästchen gelegt und darüber einen eigenen schönen Altar erbaut.

Nachdem ich nun so viel fromme und heilige Dinge von Niedermünster erzählt habe, will ich doch auch der Wahrheit gemäß nicht verschweigen, daß es zuweilen auch weltliche Händel dort gegeben hat, deren einer seiner Zeit schier das ganze heilige römische Reich in Alarm versetzte! Ich meine die Geschichte mit Herzog Brzetislaw und der Prinzessin Jutta. Die sollt Ihr jetzt noch hören:

Der böhmische Herog Udalrich, Brzetislaws Vater, hatte Bolzena, eines Bauern Tochter, zur Ehe genommen und diese ist unseres Helden Mutter gewesen. Als nun der junge Fürst, welcher ein gar schmucker Jüngling war, um die schöne Jutta, Kaiser Otto des II. und seiner Gemahlin Theophania Töchterlein warb, da ergrimmte der hohe Herr ob dieser Kühnheit, denn ihm dünkte einer Bäuerin Sohn sei nicht würdig, sein Eidam zu werden.

Anders aber dachte die holde Prinzessin; denn sie war dem jungen Helden, Böhmens Liebling, von Herzen gut, und traurigen Sinnes ließ sie es über sich ergehen, als ihr Vater sie den frommen Frauen zu Niedermünster in strenge Gewahrsam gab. So geduldig war aber Brzetislaw nicht. Der eilte heim, rief alle seine Mannen zusammen und gab an, er wolle mit ihnen eine fromme Pilgerfahrt antreten zum Grabe des hl. Emmeram nach Regensburg. Ich will das just nicht loben – aber er wäre wohl sonst nicht abgekommen; denn sein Vater hätte ihm kaum erlaubt, gegen den Willen des Kaisers zu handeln. So ging es nun rasch dahin, gen Regensburg, jedoch nicht etwa nach St. Emmeram, sondern flugs Niedermünster zu, wo Brzetislaw die Nonnen im Chore überfiel, sich seine Jutta herausholte und mit ihr wieder davonstürmte. Die Frauen erstarrten vor Schrecken und die Reisigen des Klosters stürzten mit Ketten herbei, um dem verwegenen Räuber den Weg zu versperren. Er aber hieb mit wuchtigem Schlag dieselben entzwei und jagte fort bis hinüber nach Mähren, wo er dann feierliche Hochzeit hielt.

Wie das alles der Kaiser vernahm, tobte er in gewaltigem Zorn überzog sogleich gar alle böhmischen Länder mit Krieg und schwor, daß er nicht eher ruhen wolle, bis er sich mitten in Böhmen einen Thron aufgeschlagen hätte. Brzetislaw hingegen, der sich mannhaft zur Wehr setzte, schwor seinerseits, er wolle in Deutschland sengen und brennen, daß die Flammen des Kaisers Residenz erleuchten sollen! In solch grimmiger Stimmung zogen Beide ins Feld. Wie dann aber die Heere ganz nahe aneinander rückten, so daß eine große Schlacht vor der Thüre stand, da zog die junge Herzogin ganz mutterseelen allein ihrem Vater entgegen und bat ihn so demütig für sich und Brzetislaw um Verzeihung, daß sein Herz ihr nicht widerstehen konnte und er in Gnaden den Frieden schloß. Mit besagten Schwüren ward es aber gehalten wie folgt: Dem Kaiser errichtete man in Freuden einen Thron mitten in Böhmen zu Bunzlau, und der junge Herzog durfte gegen Entgelt an die Besitzer an der Grenze etliche Höfe sengen und brennen.

Als man dann dies alles in Niedermünster vernahm, da holte man die große Kette hervor, die Brzetislaw damals so tapfer entzweigeschlagen hatte und hob sie noch lange Jahre fort zum Andenken dort auf.

IX.

Von den Wahr-zeichen am Dom.

Man hat schon viel geschrieben über unsern herrlichen Dom und viele schöne Bilder zeigen ihn in seiner vollen Pracht, so daß beinahe ein Jeder ihn kennt, auch wenn er nicht in Regensburg gewesen ist.

Wie aber, liebe Leute, steht´s mit unseres Domes Wahrzeichen, welche da und dort, oben und unten, links und rechts, im Finstern und im Lichte angebracht sind? –

Wer die nicht kennt, dem glaube ich es nicht, daß er wirklich und wahrhaftig mein altes Regensburg gesehen hat. Ich würde da z. B. gleich fragen:

„Nun, wenn Du in Regensburg gewesen bist, so sage mir doch, wo ist denn der arme Dombaumeister, der in großer Herzensangst ein Scheffel über den Kopf hielt, damit er den Mut zu seinem gewaltigen Luftsprung finde? Oder: wo suchst Du denn den steinernen Bienenkorb, der dort in einer Fensternische steht, oder des Baumeisters ungetreue Braut – oder gar Herrn Urian – den sogenannten Hund im Loch – samt seiner abscheulichen alten Frau Großmama! – Gelt, Freundchen – das weißt Du alles nicht! Ich aber merke nun so viel, und dabei bleibt´s, daß Du ganz und gar nicht in Regensburg gewesen bist!"

„Was ist das also mit dem Dombaumeister und seinem Scheffel?" fragst Du? – Sieh, das ist eine recht traurige Sage. Es ist schon viel Papier derohalben verschrieben worden, und manch ein Streiten hat es unter den Leuten gegeben, denn die Gelehrten lächeln darüber und sagen gar alle: "ach, dieser Baumeister! Der hat ja gar nie gelebt!" – Im Volk aber, da läßt man sich das arme Männlein nicht wegdisputieren und erzählt seit Menschengedenken sein trauriges Ende, wie folgt: Es waren einmal zwei Baumeister in Regensburg; dem Einen ward aufgegeben, die Brücke zu erbauen, dem Andern aber der Dom, und die Beiden, welche insoweit ganz gut Freund mit einander waren, gingen selbander eine Wette ein, und ein Jeder von ihnen meinte: er werde zuerst sein

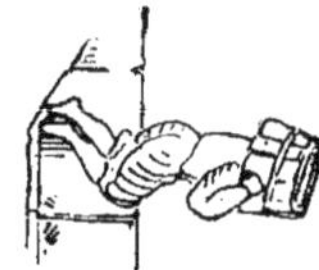

großes Werk vollenden, der Brückenbaumeister war aber Lehrling beim andern gewesen. Wie nun der Dombaumeister von oben aus sah, daß Jener, sein einstiger Lehrling, mit der Brücke die Wette gewonnen habe, geriet er in die helllichte Verzweiflung, nahm ein Scheffel über den Kopf und stürzte sich jählings in die Tiefe.

Der Brückenbaumeister aber schaute hinauf zum Dom und rief dabei aus: „schuk wie heiß!“ – War das nun, weil ihn die in jenem Jahre bekanntlich übergroße Hitze molestierte, oder aus böslichem Hohn – das weiß jetzt keiner mehr, nur so viel ist allen bekannt, daß er sich ob des rechtzeitigen Fertigwerdens just nicht zu rühmen gehabt hätte, da es gar nicht mit richtigen Dingen dabei zuging! – Doch davon erst später mehr!

Vom unglücklichen Dombaumeister sage ich nur noch so viel, dass einer seiner zahlreichen Nachfolger ihn zum Andenken dort oben am Dome angebracht hat, mitsamt seinem Scheffel über den Kopf, und daß mir dies Männlein immer wie eine recht ernsthafte Mahnung vorkam für solche, die sich freventlich allzugroßen Könnens vermessen.

Die Geschichte vom Bienenkorb ist viel harmloserer Natur. Seht, dieser allerschönste und zierlichste aller Bienenkörbe, gleich vorn am Anfang, ist gewiß einzig in seiner Art auf dem ganzen Erdenrund. Er ist fein zierlich mit Säulchen und Laubwerk geschmückt und stand ehedem gegen den Domfriedhof zu an einer der höchsten Spitzen des Domes, während man ihn jetzt in eine Fensternische seitwärts versetzte, wo er vor der Unbill der Witterung besser geschützt ist. In diesem hübschen Gehäuse soll es den Bienen vor Alters so gut gefallen haben, daß sie es bei großer Hitze oft zur Sommerfrische benützten, und gar lustsam darin herumarbeiteten. Solches erzählt uns in einem gelehrten Buche A. D. 1615 der Karthäuser Hieremias Grienwald, der es öfters selbst mit beobachtet hat.

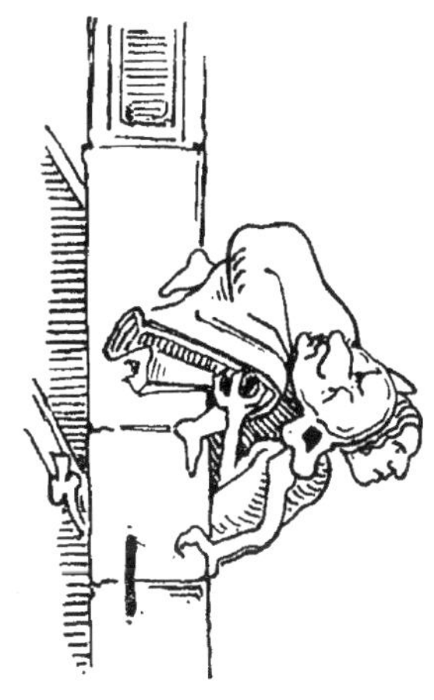

Hoch über dem jetzigen Standpunkt des Bienenkorbes ist dann ein sehr merkwürdiges Bildnis zu sehen; mir graut, wenn ich daran denke! In wildem Knäul sieht man da den bösen Feind mitsamt einer Maid in fliegenden Haaren! Das war – sagen die Regensburger – eine gar ungetreue Jungfer, des Dombaumeisters Braut; die hat ihres Bräutigams Fluch getroffen. Er rief den Teufel herbei, der sie auf seinen Rücken lud und mit ihr auf den Blocksberg fuhr, wo alle bösen Hexen ihren Aufenthalt haben. Ein weiterer Racheact des betrogenen Meisters war dann, daß er diesen grausigen Vorgang hier außen am Dom verewigte, zur Warnung für alle Mägdlein, die ein schlechtes Gewissen haben. – Drinn im Dom, gleich neben der großen Eingangspforte, lauert dann schon wieder Herr Urian, wen er etwa verschlingen könne. „Der

Hund im Loch" – so betiteln ihn die Leute. Jedenfalls logirt dieser böse Höllenhund in einem gar schönen Loch, dessen er ganz und gar nicht würdig ist. – An der anderen Seite des Thores hält dann seine Großmutter die Wacht, und wenn Einer mich frägt, wie dieses höllische Gelichter da hereinkam, so antworte ich, weil irgend ein wohl-

Der Dom zu Regensburg.

meinender Steinmetze damit andeuten wollte, daß man auch an geheiligter Stätte sich hüten solle vor dem Bösen, der in allen Winkeln lauert.

Das also sind unseres Domes Wahrzeichen, und wer die nicht gesehen hat – so hieß es von jeher hier – der ist nicht in Regensburg gewesen.

X.

Von der steinernen Brücke zu Regensburg.

Es hat auch unsere alte steinerne Brücke solcher Wahrzeichen mehrere und eine ganz gruselige Baugeschichte obendrein.

In Regensburg regierte einmal ein gar mächtiger Herzog, Namens Heinrich, der wollte daselbst eine schöne, steinerne Brücke haben. Lange warten wollte er aber damit nicht, denn solches ist nicht Brauch bei den hohen Herren.

Er ließ also schnell einen geschickten Baumeister berufen, zu dem sprach er:

„Lieber Meister! Du sollst mir hier eine mächtige Brücke bauen, so fest und gut, wie bisher noch nie eine ähnliche dagewesen ist im ganzen heiligen römischen Reich. Da ich nicht an langes Warten gewöhnt bin, so gebe ich Dir zu Deiner Arbeit nur eilf Jahre Frist. Ist dieselbe aber am letzten Tage des eilften Jahres nicht vollendet, so sei – bei meinem Barte! – des Eselritts gewärtig. Und nun gehabe Dich wohl!"

Wie sehr da der Baumeister erschrak, das mag ein Jeder bedenken – denn der Eselritt war nicht nur eine sehr verunehrende, sondern auch eine höchst lächerliche Strafe. Er ließ sich aber von seinem Schreck nichts anmerken, sondern ging sogleich tapfer drauf los und arbeitete mit seinen Gesellen schier Tag und Nacht fleißig fort. –

Wie sehr sie aber klopften und hämmerten, immer ging es nicht rasch genug voran. Schon nahte das Ende des eilften Jahres mit Riesenschritten herbei und die Brücke war noch lange nicht vollendet. Da – in größter Verzweiflung ob seiner gefährdeten Ehre – wußte er sich nicht anders mehr zu helfen, als daß er den leibhaftigen Gott sei bei uns zu seiner Hilfe herbeirief. – Der ließ sich nicht lange bitten und hörte höhnisch schmunzelnd des Meisters Klage an. – „Die Brücke da," so rief er, „bringst Du nicht fertig! Einfältiger Wicht das ist ja ein Kinderspiel – die wollen wir gleich beisammen haben, aber – da der Arbeiter seines Lohnes wert ist, so will ich für meine

Mühe die erste Seele haben, welche über Deine Brücke geht – verstanden?"

Kleinlaut stammelte der Meister sein „Ja" und so war der Pakt abgeschlossen. –

Der Teufel aber schleppte mit seiner bekannten Leichtigkeit die gar allergrößten Steine herbei und zauberte im Nu die schönste Brücke zusammen, so daß – zum Staunen Aller, selbst des Herzogs – am Abend des letzten Tages vom eilften Jahr alles fix und fertig war: Fünfzehn granitene Schwibbogen, drei Türme aus lauter großen Quadersteinen, und die ganze Brücke 470 Schuh lang und 33 Schuh breit.

So weit wäre nun Alles gut gewesen, allein jetzt kam für den Meister die Zeit, wo auch er dem Teufel Wort halten sollte. Erst ward ihm gar übermäßig bang ob der Menschenseele, die er Jenem versprochen hatte, dann aber kam ihm ein guter Einfall: „Warte," dachte er, „Du Höllenhund, für Dich sind auch Tierseelen gut genug, und deren sollst Du gleich drei haben!" Und er sperrte seine Brücke sorgsam ab, damit ja kein Mensch sie unversehens betrete, und jagte drei Tiere hinüber: Einen Hund, einen Hahn und eine Henne. Der Teufel fuhr enttäuscht und wütend hinter ihnen her – denn er hatte sich einen besseren Fang erwartet; daher riß er in seinem Höllengrimm dem armen Hündlein den Kopf ab und trug dann alle drei Tiere mitsammen davon an jenen Ort, wo er auch andere solche Tierseelen verwahrt, als da sind: Die Wolfsseele, welche er beim Dombau zu Aachen sich verdiente, und die Eselsfüllenseele von der Burg Rheingrafenstein und noch andere mehr.

Der Baumeister aber war hoch beglückt, so leichten Kaufs davon gekommen zu sein und brachte zum steten

Wahrzeichen die Bilder dieser drei Tiere an seiner Brücke an. Außerdem sieht man dort noch den größten und den kleinsten Stein nebeneinander, und gegen Osten zu eine kleine Eidechse. Diese Letztere bedeutet, daß zur Zeit des Brückenbaues ein so trockener Sommer war, daß die Eidechslein im Donaubett lustwandeln konnten. – Auch das Bildnis des Baumeisters selbst steht auf der Brücke und zwar gerade im Augenblick, wo er hinauf zum Dom sieht, und ruft: „schuk wie heiß". – Unter ihm sieht man eine schwörende Hand – das wird wohl die des Herzogs sein von wegen der bewußten Drohung mit dem Eselsritt – man hat das früher auf Seite 54 schon bemerken können, was aber noch darunter steht, sieht man dort nicht, weil der Platz zu kurz zugemessen ist, folgendes Verslein nämlich:

Eilf hundert dreißig fünf im jar
Die Tonaw war schier trucken gar,
Do herzog Heinrich mit der stat
Die bruckn allhie begunen hat.
Das werc gebawt vff vesten Grund
Eilf jar darnach ganz fertig stunt.
Gut gleit fürbas vff allen wegen
Geb gots genad und gotes segen.

XI.

Was der Riese Goliath zu Regensburg bedeutet.

Wer von der Brückenseite aus nach Regensburg hereinkommt, der erschrickt beinahe, wenn er um´s Eck der Straße gegen die innere Stadt zu einbiegt, beim Anblick des großen Bildes, was er da an einem uralten kastellartigen Gebäude angemalt sieht. – Der Riese Goliath ist´s, der hier den Eingang fast versperrt und mit verächtlicher

Miene auf seinen knabenhaften Gegner sieht. Wie nur der alte Philister da herkommt? Darüber haben schon viele der Vorübergehenden sich die Köpfe zerbrochen! –

Dies alte Haus von so gewaltigem Ansehen haben, wie es heißt, schon die Römer erbaut und später hat es im Lauf der Zeiten viel vornehme Leute beherbergt. Sogar Kaiser Heinrich der Heilige soll, wenn er in Regensburg verweilte, hier seine Wohnung aufgeschlagen haben. Dann besaßen es die reichen Tundorfer, deren einer, Herr Leo mit Namen, ein berühmter und vorzüglicher Bischof, den Grundstein zu unserm jetzigen prachtvollen Dom gelegt hat. Auch die ritterlichen Tollinger, die Müller und noch andere bekannte Regensburger Bürgersgeschlechter haben nach einander in diesem Hause residirt. Um´s Jahr 1570 besaß es der Ratsherr Wolf Eckenthaler, von dem mir bekannt ist, daß er, sowie viele Andere um jene Zeit zu Regensburg, mit Leib und Seele der neuen lutherischen Lehre ergeben war. Damals hat es aber sowohl hier, als auch anderwärts im deutschen Reich einen gewaltigen Kampf unter den verschiedenen Parteien gegeben. Zuweilen siegte der Schwächere über den Stärkeren, das Neue über das Alte, und all´ dies schwere Ringen sinnbildlich an der Front seines Hauses zum Ausdruck zu bringen, das nahm sich unser Ratsherr vor, als er dem damals berühmten al Fresco-Maler, Meister

Martin Bocksberger, aus Salzburg, den Auftrag gab, ihm den Kampf zwischen dem Riesen Goliath und dem kleinen David darzustellen. – Selbiger Bocksberger bekam noch mancherlei Arbeit in Regensburg. Er mußte die Trinkstube im Rathaus bemalen, wie auch den schönen Marktturm, Kloster Sct. Emmeram, den Bischofshof und andere Gebäude mehr. Nebenbei gesagt, muß er auch ein recht kurioser und ganz witziger Kauz gewesen sein; denn der Regensburger Chronist Raselius hat uns folgende spaßhafte Geschichte von diesem Biedermann aufbewahrt. – Wenn Herr Martinus Bocksberger just durstig wurde, und das soll nicht selten der Fall gewesen sein, und er eigentlich gerade hätte bei der Arbeit sein sollen, da bediente er sich zum Fortkommen der folgenden List: Er ließ seine leeren Schuhe samt den darin steckenden Strümpfen zu oberst vom Gerüst herunterbaumeln, so dass es von unten aussah, als sitze er droben und sei gar emsig bei der Arbeit! Statt dessen aber war er längst davongeschlichen und that sich gütlich in des Herrn Bischofs Weinkeller! –

Solchen Scherz hat er öfters aufgeführt, allein wir sahen trotzdem, daß der geniale Meister der schönen Bilder gar viele zu Stande gebracht hat. –

Weiters ist vom Goliath noch zu sagen, daß er des Öftern im Verlauf seines 300jährigen Bestehens von Wind und Wetter zu leiden hatte, er sowie sein kleiner Gegner, und daß ihn mehrere Künstler von Zeit zu Zeit renovieren mußten.

So um's Jahr 1845 auf Veranlassung König Ludwig I. durch den leider zu früh verstorbenen Maler Krantzberger, später im Jahre 1870 durch Weinmaier und das letzte Mal durch Kunstmaler Heinrich Dendl im Jahre 1884. – Auch Krantzberger scheint, wie sein Vorgänger, lustigen Künstlerhumor besessen zu haben, denn ihm dankte früher der Goliath auch noch einen zweiten Gegner in Gestalt eines zu seinen Füßen quakenden Laubfrosches, der mit Schnauzbart und Sporen angethan war. – Warum denn das? – Es gab zu jener Zeit in Regensburg einen alten Herrn v. Quentel, der trug noch einen altväterischen grasgrünen Frack und ritt auf schneeweißem Schimmel tagtäglich, Jahr aus Jahr ein am Goliath vorbei gegen Winzer oder Pfaffenstein zu. Da er immer gar mächtige Sporen trug und einen riesigen weißen Schnurrbart hatte, stattete Krantzberger seinen Laubfrosch auch damit aus. Man kann sich den Jux der Regensburger Jugend vorstellen, als sie des Scherzes ansichtig wurde. – Einer, der wohl auch damals zu den Lachenden gehörte, hat mir die Geschichte erzählt. –

Leider haben die nächsten Meister das lustige Wahrzeichen weggelassen, dessen Sinn sie wohl nimmer verstanden. –

XII.

Die Geschichte vom Pesthündlein.

Und Du, kleines Hündlein, dem Goliath gegenüber, dort unten am stattlichen Eckhause, wie kommst denn Du daher? Ruhst jetzt

so behaglich da, als hättest Du ein gar gutes Leben hinter Dir!

„Mit nichten, ihr Leute," – könnte das Pesthündlein, denn dieses und kein anderes sehen wir vor uns – wenn es der Sprache mächtig wäre – erwidern. „Ich weiß eine lange, entsetzliche Geschichte von dem furchtbaren Ungeheuer, das mit einem grimmigen Gefolge von Krankheit, Elend und Not die Stadt Regensburg zu meiner Zeit überfiel. Der schwarze Tod oder die Pest hat man es genannt, und es ist dies Ungetüm ganz sicher des Teufels Lieblingskind, wie die Leute sagen, denn es macht aus lauter Furcht und Schrecken selbst die besten Menschen hart und erbarmungslos, so daß fast keiner sich um das Elend des andern mehr kümmert. Das Alles hab ich kleines Hündlein zur Genüge erfahren. Ich wohnte damals in diesem Hause hier mit meinem Herrn und manchen anderen Leuten, als jene Seuche kam, und da starben ihrer so viele, daß ich oft des Nachts vernahm, wie Schlitten und Karren vorüberrasselten, auf denen sie die Toten haufenweise gelegt hatten, denn die Totengräber fanden gar keine Zeit mehr, sie in die engen schwarzen Kästlein zu betten – so man Särge nennt. Über 7000 sind damals in der Stadt Regensburg gestorben und ganze Straßen waren verödet, so auch hier das Haus, wo ich mit meiner Herrschaft logierte. Wie sie gar alle krank geworden waren, von den obersten Stockwerken an bis nach unten, und keiner von ihnen dem andern mehr helfen konnte und auch niemand aus Angst vor der Seuche zu uns mehr hereinwollte, da habe ich ein Körblein genommen (in dem ich sonst das Brot heimzubringen pflegte) und trug in demselben allen Kranken die Nahrung zu. Das habe ich gewiß und wahrhaftig gethan. Jetzt freilich wissen es nur mehr etliche alte Weiblein hier, die es von ihren Eltern und Ureltern erfahren haben. Und wie dann Alle, Alle gestorben waren, so daß ich ganz mutterseelenallein hier übrig war, da wollte ich doch meinen Posten nicht verlassen, und führte ein einsam trauriges Leben. Eines Tages aber sollte mir Erlösung werden: Ein guter Mann, der sich nach den Hausbewohnern umschauen wollte, kam zu mir herein, und wie ich seiner ansichtig wurde, da sprang ich an ihm immer wieder von Neuem hinauf und erstattete ihm auf meine Weise den allertraurigsten Bericht. Da hatte er mit mir Erbarmen und nahm mich zu sich mit heim. Ich hieß fortan nur mehr das tapfere „Pesthündlein" und war bei allen Leuten in hohem Ansehen. Mein neuer Herr ließ aber dann zu steter Erinnerung an das entsetzliche Pest-Jahr 1713, wo ich hier so ganz allein in dem Haus ausgeharrt, mein steinern Conterfei ober der Kellerthüre einmeißeln."

XIII.

Wie ein edler Kaiser deutsches Hausrecht ehrte.

Nicht gar weit von Goliath und Pesthündlein, gleich vorn beim altersgrauen Rathaus, steht das schöne Haus zum Hirschen. Nicht bloß als eine müßige Zier prangt hier das Bildnis des edlen Tieres, – o nein! – Es lebt darin eine gar schöne Erinnerung fort an deutsches Hausrecht, das selbst des Kaisers Majestät nicht brach.

Ein Kaiser – wessen Namens berichtet uns die Sage leider nicht – hielt dereinst hier Reichstag und glänzenden Hof. Da wurde Rat gepflogen mit den Weisesten des Landes, Recht gesprochen dem Bedrängten und Gericht gehalten über den Bösen. Nach gethaner Arbeit aber hat man auch fröhlich getafelt, gezecht, turneit und etwa auch getanzt, wie das eben zu Reichstagszeiten hier üblich gewesen ist. Auch des edlen Waidwerks darf ich nicht vergessen, denn das spielte ja vor Alters bei allen Rittern und Herren eine gar große Rolle und gerade hier in Regensburg gab es in den nahen Waldrevieren des Wildes in Hülle und Fülle. – Eines Tages nun – als jener Kaiser hier Hof hielt – da schmetterten wieder einmal die Jagdfanfaren besonders hell in den schönen Morgen hinein, die schmucken Jägersleute bewegten sich in prächtigem Zug unter Hörnerklang durch die Stadt und alle Bürgerschaft, hoch und nieder, war aus den Häusern gekommen und gaffte und staunte den kaiserlichen Jagdzug an. – Über all dies Schauen und Bewundern war es unversehens Mittag geworden, als plötzlich ein wirres Halloh-Rufen und Schreien ertönte, und von Neuem die Volksmenge in den Straßen sich sammelte. Diesmal galt´s aber einem prächtigen Hirschen mit vielzackigem Geweih, der wie im Flug vorbeisauste, ihm nach auf schäumendem Roß, den Wurstspieß hoch schwingend, der Kaiser selbst! Über die Haid, dem Rathaus zu geht die wilde Jagd. Da stutzt auf einmal das schöne Tier, und in Todesangst, nur einen Augenblick sich bedenkend, springt es mit mächtigem Satz in das nächstliegende weitgeöffnete Hausthor, das schützend hinter dem keuchenden Flüchtling in´s Schloß fällt! –

Herr Kaiser! es ist zu spät, Dein Wurfspieß durchbohrt nur das ächzende Holz; der Hirsch ist gerettet! – Von gewaltigem Zorn entbrannt schlägt der Kaiser heftig mit seinem Schwertknopf an die Pforte, welche sich nun zu seinem größten Staunen wie von selber öffnet, und demütig kniet vor ihm an der Seite ihres greisen Vaters eine wunderliebliche Maid.

„O Herr!" so spricht das schöne Kind:

„O Herr! Lass´ Gnade walten mild!
Und lobesam dem Hirschelein
Den Schutz des Hauses angedeih´n
In den sich´s treulich geben hat,
Wie in den Deinen unsre Stadt!"

Und sieh´! des Waidmann´s Zorn hat sich gelegt und sanft erwidert der Kaiser:

„Käm´ auch die Bitte nicht aus also süßem Mund, aus also mildem Herzen, so würde ich dennoch nie und nimmermehr frevelnd deutsches Hausrecht brechen. – Nimm das Hirschlein, das so traulich sich unter Deinen Schutz begab. Ich schenke Dir sein Leben, sein Bildnis aber, das führe von nun an im Wappen!" –

Drauf hat der Kaiser gnädig das Jungfräulein auf die Wange geküßt, ihren Vater in Hulden gegrüßt, und ist frohen Mutes hinunter gegangen des Bischofshofe zu in seine Residenz, vom jubelnden Volk geleitet.

Ober dem Hausthor, das einst dem Hirschen so gastliche Herberge bot, sieht man heute noch sein steinern Bildnis samt dem wirklichen Geweih zum steten ehrenvollen Zeugnis des alten deutschen Hausrechts.

XIV.

Drei Spukgeschichten.

Und weil ich just daran denke! – Hier mitten in der Stadt soll es auch merkwürdige Spukgeschichten gegeben haben. Man spricht von zwei redenden Nachtigallen, und weiß, daß sich da allerlei, teils böse, teils gute oder auch einfach harmlose Geister herumgetrieben haben. „Redende Nachtigallen, Geister – was fällt Dir ein?“ – Ja wohl, verehrter Leser, mit einem Wort: Spukgeschichten! – Und was ist denn weiters dabei, gerade heutigen Tages kann man darüber nicht staunen, weiß ich doch, daß man jetzt in finstern Kammern Geister beschwört, daß Musikinstrumente von unsichtbaren Händen bewegt, klingend durch die Lüfte fliegen, und daß schier alles Holz lebendig zu werden droht. Auch wandeln etwelche unter uns, die sich ganz offen zur Religion des alten Buddha bekennen, und allen Ernstes an Seelenwanderung glauben, warum also soll es in meiner Vaterstadt vor etlichen Jahrhunderten nicht auch schon klug redende Vögel und Gespenster jeglicher Art gegeben haben? Das seh ich doch gar nicht ein! – Ich will übrigens heute nur drei dieser Historien aufzählen, denn von allen Geistern, so ihr Unwesen in Regensburg trieben, zu berichten, das würde mich allzu weit führen. – „Es soll sich im folgenden Jahr 1546, so berichtet nämlich eine alte handschriftliche Chronik aus Regensburg, eine denkwürdige Geschichte in der goldenen Krone allhier zugetragen haben. Zwei Nachtigallen sollen bei Nacht, da alles still, einander in ihrem Gesang, was sie den Tag über von denen Gästen gehört, erzählt haben, der Diskurs soll die Rüstung und Zubereitung zum Krieg wider die Protestirenden betroffen haben, und von einem Freunde so deutlich verstanden worden sein, daß er Conrado Gesnero davon Nachricht gegeben, der die Geschichte mit allen Umständen im III. Buch seiner historia von den Vögeln anführt."

Soweit die alte handschriftliche Chronik. In anderen solchen Chroniken steht noch viel mehr und

Genaueres hierüber. Da heißt es z. B., die beiden Vöglein hätten oft heftig gezankt, just wie die Gäste unter Tags, ja sie hätten sich ganz wie verbissene Parteileute gestritten. Sie erzählten ferners vom Krieg, so der Kaiser wider die deutschen Reichsstädte führte. Auch verkündeten sie voraus, wie sich bald alles verlaufen werden, ebenso was sich damals mit dem Herzog von Braunschweig zugetragen hatte und anderes mehr. Ihrem Hausherrn enthüllten sie aber böswillige Anschläge seiner Dienerschaft, die sich unbemerkt glaubend, hier vor den beiden Lauschern im Käfig all´ ihre Pläne besprochen und sich weidlich gezankt hatten. Da hieß es von Raub und Beute, die man im Krieg vollführen und erlangen könne, und der bösen Dinge mehr. Solches erzählten alles die beiden Nachtigallen im Gasthof zur goldenen Krone. – Nur muß ich etwaiger Irrung halber noch berichten, dass jenes so viel besuchte mittelalterliche Gasthaus nicht da stand, wo jetzt das gleichnamige ist, sondern an der Stelle eines schönen Bürgerhauses mit Lit. F. 6 bezeichnet. –

Meine zweite Spukgeschichte ist noch viel älteren Datums; denn sie stammt vom Jahr 1371, als in Regensburg die Seuche der Pest so große Verheerung anrichtete. Da erzählen mehrere Chronisten auch von einem Geist, der dort spukte. – Er nannte sich Lies Herrl und rief damals gar großes Aufsehen unter den Einwohnern der Stadt hervor. – Es hat ihn keiner gesehen, viele aber wollen ihn gehört haben. Die Regensburger hielten große Stücke auf Lies Herrl und befragten ihn öfters in wichtigen Angelegenheiten, so Krieg und Frieden betrafen; auch soll er vorausgesagt haben wie der Streit zwischen den bayerischen Herzogen und dem Kaiser ausgehen werde. Als er unter Anderem von wegen der Pest befragt worden, sagte er: „Ho! seht ihr nicht die Eitelkeit und Habsucht dieser Stadt, die Gott nicht ungestraft lassen will!" Ein andermal, als einer bemerkte: man solle sich vor Lies Herrl nicht fürchten und dem Teufel keinen Glauben schenken, bekam er sogleich von unsichtbarer Hand einen Faustschlag auf die Nase, so daß derselben Blut entströmte, und wieder einmal goß der Geist eine Schüssel Milch vor den Leuten aus. Gegen seine Freunde war er aber stets rücksichtsvoll. Einem derselben verweigerte er z. B., seine Hand zu reichen, „denn" – sagte er: „das wäre für Dich so schrecklich, daß Du es nicht aushalten könntest", und ein Mägdlein, das ihm wert war, schützte er vor großem Ungemach. Auf die Frage, wie er heiße, sagte er immer nur: "Lies Herrl", und wenn man fragte: bist Du ein Engel oder ein Teufel? – gab er zur Antwort: "ich bin keines von beiden, ich bin der Bote von einem Engel." Aus alledem geht nun hervor, daß Lies Herrl wenigstens ein harmloser Geist gewesen ist, der nur den Spöttern gefährlich war. –

Anders stand es um die dicke Agnes, welche allenthalben nur Böses verübte und viele anfänglich unschuldige Menschenkinder zu Fall brachte.

Da weiß ich z. B. eine traurige Geschichte von eines Blechschmieds Töchterlein Namens Clärchen. Selbiges Mägdlein ging einmal des Sonntags fein sittsam von der Kirche zu Sct. Kassian heim, als ihr am Ausgang ein stattlicher Junker begegnete, der weiter nichts that, als daß er der Jungfrau bewundernd nachschaute. Am Montag darauf stand er wieder da und grüßte freundlich. Am Erchtag aber brachte er ein Brieflein mit, das drückte er ihr in die Hand, und weil sie es vor den Leuten nicht fallen lassen wollte, so nahm sie es auch an. – Unser Mägdlein ging nun damit heim und nahm sich vor, das Zettelein ungelesen und ungeschaut zu verbrennen. Aber wie? Da ertönte plötzlich aus der Ecke heraus ein feines Stimmchen, just so wie eine Grille zirpt, und es saß ein winzig Weiblein dort und sprach lächelnd: „ei Du närrische Dirn! was schadet es denn, wenn Du das Brieflein liesest?“

Klärchen besann sich wohl ein wenig, aber die Neugier siegte; sie entfaltete das zierliche Pergament und las alle schönen Dinge, die darauf standen; dann erst verbrannte sie´s. Unterdessen war aber das Weiblein gewachsen um einen ganzen Zoll. Am nächsten Tag kam der Junker gar selbst zu Besuch, und wiederholte all´ die schönen Worte mündlich, die er vorerst im Brieflein geschrieben hatte, und Klärchen freute sich in großer Eitelkeit darüber. Als sie aber umschaute, war das Weiblein eine ganze Elle hoch. Später brachte dieses Weiblein im Auftrag des Junkers einen blitzenden Schmuck – den wollte das Klärchen wieder nicht nehmen und rief: „hebe Dich hinweg, Versucherin", denn die Mutter hat gesagt: „Kind, solch ein großes Geschenk nimmt ein frommes Mägdlein nicht an". – Ganz heimlich aber schalt das Weiblein sie dann und ließ den Schmuck in der Sonne so schön glitzern und flimmern, daß Klärchen ihr wieder nicht widerstehen konnte, denselben anlegte und sich höchst wohlgefällig damit im Spiegel beschaute. "Ei, wie bist Du holdselig und schön, mein Püppchen!" rief da das ganz groß gewordene Weib und der Junker wiederholte die Worte und setzte noch andere dazu; und so ging es die ganze Woche fort und fort, bis aus dem bescheidenen, unschuldsvollen Klärchen schon am Samstag darauf eine gar hoffärtige, thörichte Dirn geworden war, die des Weibleins erst wieder gedachte, als es eines Tags vor ihr stand, vierschrötig wie ein Landsknecht, übermenschlich groß und von Umfang wie ein Bierfaß! – „Was schaffst Du hier Ungestalt!" rief da das bethörte Mägdlein aus, jene aber entgegnete: „Wie, mein Töchterchen, kennst Du Deine alte Freundin nicht? Ich bin

Und Du hast mich so wohlgenährt, daß ich aus einem winzigen Weiblein solch eine Riesin geworden bin. – Sieh´ zu, wie Du meiner los wirst!“ –

„Nun ist aber zu wissen“ – sagt das alte Buch, dem ich diese Geschichte entnahm, „daß die dicke Agnes ein höllisches Gespenst war, welches um selbe Zeit in der Stadt sein Unwesen trieb. Das machte sich an die Leute, anfänglich in Gestalt eines daumenlangen Weibleins, und verlockte sie vom rechten Weg durch jene Redensarten und Gemeinplätze, womit das Laster sein Thun zu beschönigen pflegt; und wo es nicht kräftig abgewiesen wurde durch Gebet und frommen Sinn, da blieb es hangen, gleich einem Vampyr und

FERTUR EQUO CELERI HÎC HENRICUS IN ORDINE PRIMUS: AUCUPIO CELEBER NEC MINUS IMPERIO.

1621 IP

HANNS DOLLINGER RATIS: DCCCCXXX.

BARBARUS HÎC SOLIDIS CERTANT GERMANUS ET ARMIS

GERMANUS VICIT BARBARUS OCCUBUIT.

Kampf des Dollinger mit Krako.

saugte sich voll und gedieh und wuchs heran zum ungeschlachten Monstrum." Das arme Klärchen gedachte ihrer guten Mutter Worte erst als es zu spät war – denn der böse Junker verließ sie in großem Herzeleid, und freite eine reiche Bürgerstochter aus uraltem Geschlecht. – Das ist nun eine Geschichte von der dicken Agnes. Ferner weiß man noch, daß sie auch junge Männer, besonders Ladenjungen bethörte, so daß sie erst winzige Dinge ihren Brodherren stahlen, hellerweise unterschlugen, nach und nach aber zu Dieben und Räubern wurden, die ihr Leben am Galgen endeten. Als aber dieser Spuk immer mehr um sich griff und gar kein Ende mehr nehmen wollte, da bat der weise Rat der Stadt Regensburg einen frommen Minderbruder, er möge da eingreifen und der dicken Agnes das Handwerk legen. Solches geschah auch mittels vielen Betens für all´ die armen Verführten. – Im Volk geht die Sage, drunten in einem verödeten Haus „an der Beckenspreng" da sei das Ungethüm in dem tiefsten Keller verbannt, wo man es zuweilen noch wimmern und ächzen höre zwischen Gebetläuten und Hahnenschrei.

Wir wollen hoffen, es kommt nimmer los! – Wie aber darf nur solch ein Unhold den schönen Namen tragen? frägt der oder jener meiner Leser! – Agnes bedeutet ja Lamm! – Nun wohl: Ein Wolf in Lammes Gestalt – das ist die dicke Agnes. Hüte jeder sich davor! –

Stadtplan Regensburg

Regensburgs Innenstadt maßstabsgetreu gezeichnet. Kunst-, fein- und hintersinnig. Es eröffnet sich ein farbenfroher Blick auf das Weltkulturerbe. Auch als Poster bestens geeignet. Mit lustigen Ausmalbildern von Regensburger Gassen auf der Rückseite. (ISBN 978-3-947727-08-7)

Regensburg um 1900.
Grüße aus einer alten Stadt (24 Reprints)
Grüße aus Regensburg.
Ansichten um 1915 (15 Reprints)

Beide Postkartenbücher (dt./engl.) zeigen historische Motive. Ob Steinerne Brücke, Wurstkuchl oder Schloss, ob Königliche Villa, Dom oder Haidplatz, so sah es aus anno dazumal in der Ratisbona.
ISBN 978-3-934941-66-3 / ISBN 978-3-934941-76-2

Begehbare Träume.
Regensburger Parks und Grünanlagen

Ein erfrischender Spaziergang durch 24 Grünzonen der Donaustadt. Ansprechend gestaltet, spiegeln sie die Lebens- und Erholungsqualität Regensburgs wieder. (ISBN 978-3-947727-00-1)

Die Teuflische Wette. Sagenhaftes zum Bau von Dom und Steinerner Brücke.

Mit Teufels Hilfe vollendet der Brückenbaumeister als erster sein Werk vor dem Dombaumeister. Eine der bekanntesten Stadtsagen als Comic! (ISBN 978-3-934941-81-6) Auch in Englisch: „The Devil's Bet".
(ISBN 978-3-934941-82-3)

www.editionbuntehunde.de

XV.

Auf der Haid.

Den Namen: „Auf der Haid“ trägt der große, freie Platz hier, auf dem der heidnische Ritter Krako von Hanns Dollinger, einem Sohn aus uraltem Regensburger Geschlecht, besiegt wurde.

Dieser Krako, ein Hunne oder Türke – wie uns die Sage meldet – war 10 Schuh hoch. Sein Helm wog 20 Pfund, sein Panzer aus Elephantenhaut war mit eisernen Schuppen benagelt. Er trug einen Speer, der drei und eine halbe Elle maß, ein Schwert, das so breit war, wie eine Männerhand, und auf seinem mächtigen Schild, das so blank wie ein Spiegel erglänzte, hatte er das Bild des Teufels angemalt, mit dem er – wie man sich zuraunte – im Bunde stand.

Wie ein richtiger Prahlhans, forderte Krako gleich die ganze Regensburger Ritterschaft zum Zweikampf auf, und als sie alle nur ein Weniges sich besannen, schleuderte er ihnen noch höhnisch dem Schimpf entgegen: „ich nehm´ es mit dreien von euch zugleich auf!“ – Das war denn doch zu viel! – Hanns Dollinger sprang vor und erklärte sich bereit, allein mit dem Hunnen kämpfen zu wollen. – Der Kaiser – Heinrich der Finkler war´s - hatte schon um die Ehre seiner Ritter gezittert und war, als er die Rede Dollingers vernahm, gar froh. – Dieser jedoch rüstete sich, wie es einem frommen Ritter ziemt, zur That. – Er ging hinunter nach Niedermünster, allwo er gar inniglich am Grab Sct. Erhards betete, und dann begab er sich erst zum Turnier.

Der Kaiser samt seinem ganzen Hof, und alle Bewohner Regensburgs, hoch und nieder, waren gekommen; denn Alle wollten diesen Zweikampf mit ansehen. – Das war ein hartes Ringen für den ritterlichen Dollinger; denn ihm ist´s gewesen, als sähe er statt eines gleich drei Gegner vor sich; das aber war ein böser Zauber, der ihn verwirren sollte. Zweimal stieß ihn der Hunne vom Pferd; zweimal raffte er sich wieder empor, und nimmer hätte er gesiegt, wenn nicht der Kaiser ihm mit einem Kreuz, das er an seinen Mund drückte, zu Hilfe gekommen wäre. Da war der Zauber gebrochen, und als Dollinger wieder an Krako rannte, rollte dieser tötlich getroffen in den Sand. Da brach ein unendlicher Jubel unter den Zuschauern los, und alles jauchzte dem tapfern Sieger zu. Er aber nahm dem Hunnen die Rüstung ab und zog damit nach Niedermünster hin, wo er dies Zeichen seines Sieges in die Hände der Abtissin Wiltrudis legte, auf daß sie zu stetem Gedenken an dem Altar des hl. Erhard aufgehangen werde. – Dies geschah auch allsogleich, und hier verblieb diese Rüstung lange, lange Jahre. Erst zur Zeit Karl V. wurde sie, auf dessen dringliches Begehr von der damaligen Abtissin und Reichsfürstin Barbara von Aham dem Kaiser nach Wien gegeben.

Am Dollingerhaus aber, das gegenüber des Rathauses liegt, sah man bis vor ganz kurzer Zeit den Zweikampf der beiden Ritter in Lebensgröße abgebildet, und ebenso auch das Bildnis Kaiser Heinrich des Finklers hoch zu Roß. Seither wurden diese uralten Wahrzeichen in das neue Sct. Erhardihaus verbracht, wo ein Jeder sie besichtigen kann. Auch die Lanzen der Kämpfer kann man noch sehen, und ein uraltes Kästchen, in dem die wahrhaftige Urkunde über dieses berühmte Turnier auf Pergament geschrieben steht. Das alte Dollingerlied liegt auch dabei. – Für solche, die dieses etwa gerne lesen möchten, schrieb ich es hier ganz getreulich ab:

Es rait ein Türck aus Türckenlandt
Er rait gen Regensburg in die stat
Da Stechen wardt.

Vom Stechen war im wolbekandt
Da ritt er vor des Kaisers Thür:
Ist niemand hier der kumb herfuer
Der Stechen well vmb Leib vmb See l
Vmb Guet vmb Ehr
Vnnd das dem Teuffl die Seel wer.

Da warn die Stecher all verschwiegen
Kainer wolt dem Türcken nit obliegen
Dem laidigen Man
Der so treflich stechen kan.
Da sprach der Kaiser zorniglich
Wie steht mein Hof so lästerlich?
Hab ich khain man
Der stechen kann
Vmb Leib vmb Seel vmb Guet vnnd Ehr
Vnnd das Vnsern Herrn die Seel wär?
Da sprang der Dollinger herfuer
Wol vmb wol vmb ich mues hinfuer
An den laidigen Man
Der so treflich stechen khan.

Das erste reuten das sie theten:

Sie fuerten gegen einander zway scharffe Speer
Das ein ging hin das ander ging her
Da stach der Türkh den Dollinger ab,
Das er an dem rükhen lag
O Jesu Christ, steh mir jetz bey
Steck mir ein zwey sind ihrer drey
Bin ich allain
Vnnd fuer mein Seel in´s Himmelreich.
Da rait der Kayser zum Dollinger behendt
Er fuert ein Kreuz in seime hendt
Er strichs dem Dollinger ueber sein mundt
Der Dollinger sprang auf war frisch vnnd gsundt.

Das ander raiten das sie thäten:

Da stach der Dollinger den Türkhen ab
Das er an dem rukhen lag.
Du verheuter Teufl nun steh im bay – sind ihrer
drey, bin ich allein
Vnnd fuer sein Seel in die bitter helle Beyn.-

XVI.

Noch einmal

Die Schotten-Mönch haben erst gehaust
Vor dem Weih-Sanct-Peter-Thor draust.
Waren fromme, gelehrte, fleißige Leut',
Als sie kommen aus Schottland weit.

Unterrichteten die Jugend zart,
Daß ihnen männiglich günstig ward.
Ein Klösterl man ihnen bauen ließ,
So hernach Sanct-Peter-Weih hieß.
Als dieser Ort nun wollte seyn
Für ihren Studiis zu klein,
Ist aus Verlag vornehmer Leut´
Und derselben Freigebigkeit
Das Kloster zu Sanct Jakob baut.
Welches ihnen wurde anvertraut,
Daß sie darinnen dienten Gott
Und beteten für der Christen Not.

Dieses Verslein steht in einer alten Regensburger Chronik vom Jahre des Heils 1620 – und man ersieht wohl daraus, wie gern man hier von jeher die Schottenmönche hatte. Was sie des Mehreren noch geleistet an Wissenschaft und guten Werken, das kann man auch überall in den Geschichtswerken hiesiger Stadt lesen, und auch alle Regensburger, die man darnach frägt, wissen es zu sagen; – ich will mich deshalb nicht länger als nötig dabei aufhalten, und lieber derjenigen Dinge gedenken, die nicht ein jeder weiß. – Also, da ist vor allem von einem zu berichten, der wohl zu den ältesten in St. Jakob gehört haben wird,

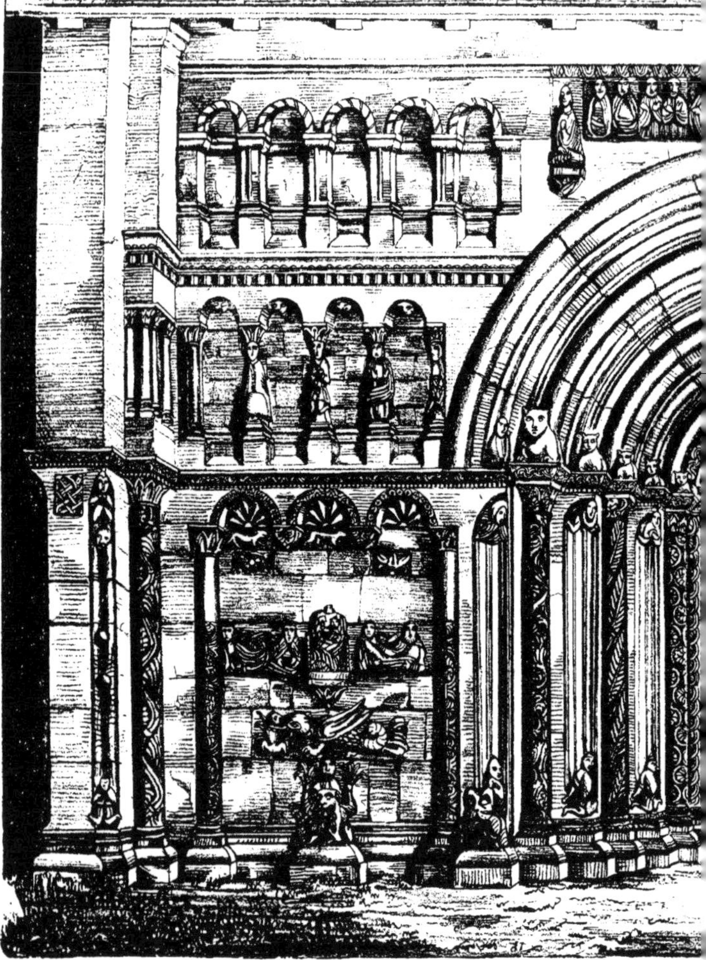

Schotten-Portal.

Der Pförtner von Sct. Jakob,

Rydan, ist´s, den ich meine. – In der Kirche seines Klosters stets der erste und der letzte, schob er Tags zweimal, Jahr aus Jahr ein den schließenden Balken ab und zu; – fromm und bescheiden, treu in diesem kleinen Dienst. Sein stilles Beten war dabei immer: „O Herr! laß mich in deinem Hause, laß mich bei meinem Dienste sterben hier an der Thür.“ Und so ist denn auch eines Tages der gute Rydan erhört worden, als er eben seines Amtes waltete. Weil man nun wußte, daß hier sein Lieblingsplätzlein sei, so hat man ihm gleich neben dem Thore einen Denkstein gesetzt, und ihn auch da begraben, wo er nun der ewigen Urständ harrt.

Nicht einen Denkstein, wohl aber einen Denkzettel eigener Art, haben ferner die schlimmen Schweden hier in der Kirche zurückgelassen. Als sie nämlich unser armes Deutschland, wie jeder weiß, einmal so arg heimgesucht und verwüstet haben, da machten sie aus der schönen St. Jakobskirche gar einen Stall, und wie sie dann wieder weitergezogen von hier, da hat ihrer Einer seinen Sporn vergessen. Den hat man nun zur Erinnerung an diese wilden Kumpane an eine Säule oben festgemacht.

Wir stehen am Thor – welch ein wunderbarer, wunderlicher Bau! Wie ist da so seltsam Heidnisches mit Christlichem gemengt – Tiere und Ungeheuer,

Männer und Weiber, Säulen mit zierlichem Pflanzengewinde – eine jede anders – Sct. Patricks Dreiblatt fehlt auch nicht dabei – und ober dem Ganzen Herr Jesu Christ mit seinen zwölf Aposteln!

Was mag das wohl alles bedeuten?

„O du ewiges Rätsel!“ rufen die gelehrten Kunstforscher aus, „wer vermöchte, wirklich und wahrhaftig deinen dunklen Sinn zu ergründen!“

Mit Verlaub, werte Herren! Warum fragt Ihr nicht einmal Frau Sage? Die erklärte mir die Geschichte so:

- -

Es war einmal noch zu Römerszeiten ein welscher Steinmetz hier in der alten Castra Regina der hatte wohl die heilige Taufe empfangen, allein noch immer tobte in ihm ein gewaltiger Kampf zwischen dem heidnischen und dem christlichen Glauben. Da fiel ihm eines Tages ein, diesen Zwiespalt in seiner Seele an einem steinernen Werk zum Ausdruck zu bringen. Und just zu jener Zeit

kamen der Gesellen zwei zu ihm, an ein und demselben Tag, die wollten sich bei ihm verdingen. Der eine, blond und sanft, kam her vom hohen Norden, der andere, ein schwarzer, finsterer Bursch, war vom Süden zugereist, und dieser war in seinem Geschäft noch besser bewandert wie jener, aber dabei ein recht arger Schalk. – Der Blonde schuf fleißig bei Tag lauter ernste und fromme Gestalten,

während der Schwarze mit wüsten Gesellen zechte, und des Nachts dann erst daher kam, um mitten hinein allerlei Fratzen einzumeißeln. – Den Meister grämte das sehr, denn er vermochte es nicht, die Eintracht zwischen den Beiden herzustellen. Nur so viel versuchte er, wenigstens einige Ordnung mit seinem eigenen Meißel in das große Gewirr zu schaffen. – Fertig wurde er aber damit nicht, denn es ereilte ihn vorher der Tod.
– Armer Meister! Just so, wie

in der alten Regina damals ein wilder Kriegslärm tobte, so daß die Römer abziehen mußten, so sah es auch in des Meisters Werkstatt gar kriegerisch aus. Die beiden Gesellen waren in offenen Streit geraten und benützten gegenseitig ihre eigenen Arbeiten als Wurfgeschosse, als aber der Meister inzwischen trat, und den Frieden zwischen ihnen wieder herstellen wollte, trafen auch ihn diese Steine, und schlugen ihn tot zu Boden. Über das Alles kam auch noch Feuer aus unter dem Dachstuhl, und alles ging elend zu Grunde, auch die beiden Gesellen mit. Die Seele des Blonden flog hinauf zum Himmel, der Schwarze fiel hinab in die Hölle; – der arme Meister jedoch, dessen Seele blieb an seinem Werke hangen. – – – – – – – – – – – – – – – – – –

Darauf vergingen wohl an die 600 Jahre, als eines Tags ein ehrwürdiger Mann hierherkam. Der hieß Marian, und kam aus Schottland herüber gen Regensburg. Da wollte er für sich und seine sechs Gefährten ein Klösterlein bauen, und fing an, den Grund hiefür zu graben. Und wie er so grub und grub, da kamen allerlei seltsame Steingestalten zum Vorschein, und er besann sich, ob sie nicht etwa für seinen Bau verwendbar wären. Über dieses Sinnen verfiel er in einen festen Schlummer, und träumte einen gar belehrenden Traum, so daß ihm ein tiefer Sinn in jenen Figuren offenbar wurde so klar wie der Tag: ein Ringen und Kämpfen des Menschen – ein Ringen und Kämpfen der Völker zwischen Heiden- und Christentum, dann oben auf in der Mitte Herr Jesus mit den Zwölfen, der siegreich das Ganze beherrscht. –

„Fürwahr, so muß es sein", sprach der kluge Marian und ging rasch entschlossen an die Arbeit.

Er fügte Säule an Säule, Bild an Bild, und herrlich vollendet stand bald das Werk vor aller Augen da. –

Doch der Meister, dessen arme Seele bis nun noch immer daran gebannt war, der ist seit jenem Tage erlöst. Nur will es mich wahrhaftig bedünken, sein kummervoll Anlitz mit dem Kinn so nachdenklich auf die Hand gestützt, das sei dort seitwärts oben am Portale auch heute noch zu sehen.

XVII.

Zum Schluß: Durch das Gebiet von Sct. Emmeram.

Wenn ich auf den Weg zurückblicke, der nun hinter uns liegt, so sehe ich, daß wir wirklich einen richtigen Rundgang um Regensburg gemacht haben. Es bleibt uns nur noch das Gebiet Sct. Emmerams zu durchwandern, dann sind wir wieder da angelangt, von wo wir anfänglich ausgingen, draußen bei der alten Predigersäule. –

Ehe wir eintreten in den Vorhof, laßt uns bedenken, auf welch ehrwürdigem Fleck Erde wir stehen; denn nicht viele Orte gibt es, die sich rühmen können, daß auf ihnen des Guten so viel geleistet wurde wie hier. – Von hier aus hat sich schon in den frühesten Zeiten, als die Agilolfinger das Regiment in Bayern führten, ein gar überaus reicher Segen über das ganze Land und auch noch weit darüber hinaus gebreitet. Da wurde geschaffen so viel als nur Kunst und Wissen vermag, ein tüchtiges, frommes Geschlecht ging aus dieser Schule hervor, und auch das Gewerbe wurde in löblichster Weise gefördert, so daß Sct. Emmerams Kloster eines wohlverdienten und weitverbreiteten Rufes genoß. – Darum aber seien die zwei Tage hoch gepriesen, wo Sct. Emmeram hier in Regensburg eintraf. Einmal lebend und wirkend als friedlicher Glaubensbote, und dann ein zweitesmal tot, als man hier in kühler Gruft ihn bestattete; denn damals erst kamen ja alle Keime, die er hier gepflegt, zur vollen und schönsten Blüte.

Es giebt eine rührend schöne Überlieferung, die besagt, daß Sct. Emmerams Leiche ganz allein den Weg hierher zu seinen Schäflein fand, über die der Heilige auch im Tode noch als Schutzherr wachen wollte.

Zu Helfendorf war´s an der Isar, wo er auf falschen Verdacht hin von Theodo´s eigenem Sohn Landpert erschlagen wurde, als er sich gerade auf einer Pilgerreise unterwegs befand, und wie nun seine Unschuld sogleich zu Tage trat, wurde er in der nahen Kirche Aschheim beigesetzt.

Erschreckliches Unwetter tobte aber da über dem Ort, vierzig Tage lang, und erst als man den hl. Leib wieder ausgrub und an der Isar nahe bei Föhring in ein Schifflein gebracht hatte, legte sich der Sturm. – Und siehe! Das Schifflein zog mit seiner frommen Last ganz ohne jede menschliche

Hilfe, wie mit lustigen Segeln bespannt weiter, und umgeben von brennenden Kerzen, kam der Sarg des heil. Emmeram von hier in die Donau und dann stromaufwärts nach Regensburg. – Als sich die Kunde davon dort verbreitete, eilte Herzog Theodo mit seinem ganzen Hof herbei zum Empfang und verbrachte den Heiligen nach dem Georgskirchlein, wo er sonst so gern und so viel gebetet hatte. Im Jahr darauf ließ er jedoch hier ober dessen Grabe eine herrliche Kirche bauen zur Sühne für den Mord, der an Sct. Emmeram verübt worden war, und errichtete dabei ein Kloster, in welches er die Söhne des heil. Benedict berief. –

Gleich den Agilofingern waren auch die Karolinger stets eifrige Verehrer Sct. Emmerams, ebenso wie unsere späteren Fürsten auch und dieses Kloster wurde von ihnen mit den herrlichsten Schätzen begabt. Der schönsten einer, der jetzt noch im Bücherschatz unseres Königs in München die oberste Stelle einnimmt, ist das „goldene Buch", das Evangelium von Sct. Emmeram, – codex aureus, wie die Gelehrten dort sagen. Kaiser Karl der Kahle hatte einst dies Buch für die Abtei Sct. Dionys bei Paris schreiben und malen lassen. Man sieht darin noch sein ganz getreuliches Conterfei nebst manch einem schönen Bild in leuchtender Farbenpracht, und kunstvoll gülden Geflecht zieht sich hin über den purpurnen Grund. Der Deckel ist aus lauterem Gold mit blitzendem Edelgestein und vielen weißen Perlen besetzt – eine wahre Augenweide für den Freund hoher Kunst! Laßt Euch erzählen, auf welch seltsame Art Kaiser Arnulph dies Buch seines Ahnherrn nebst den Reliquien des hl. Dionysius für das Kloster Sct. Emmeram eroberte. – Herr Arnulph stand just als Sieger über die Normannen vor Paris und hatte sein Lager in der Abtei St. Denis aufgeschlagen. Da las er die Geschichte dieses Heiligen und faßte so große Liebe und Verehrung für ihn, dessen Reliquien hier ruhten, daß er Tag und Nacht darüber nachsann, ob es ihm denn nicht gelingen könnte, derselben habhaft zur werden. Er teilte dieses heftige Verlangen seinem Kanzler, dem schlauen Gisalbert mit hoffend, derselbe werde Rat zu schaffen wissen, was richtig auch der Fall war.

Gisalbert, zufällig ein Vetter des dortigen Abtes Ebulo, wußte mit List an die Stätte zu gelangen, wo Sct. Dionysius lag, und als er alle Klosterleute beim Mahl versammelt wußte, so daß keiner ihn stören konnte, begab er sich in die Gruft, bemächtigte sich der kostbaren Reliquien und brachte sie seinem Herrn mit heim. – Arnulph vor Freude schier außer sich, behielt nur einen kleinen Teil davon zurück und sandte den heiligen Leib gleich eilends nach Regensburg in seine Burg. Man kann sich nun den Schrecken Abt Ebulo´s denken, als er die Stätte leer fand, wo sonst Sct. Dionys ruhte! Ahnungsvoll eilte er zum Kaiser, den er beschwor, ihm seines Klosters größten Schatz wieder herauszugeben, ja er versprach sogar, gerne wolle er dem hohen Herrn das goldene Buch seines Ahnherrn, welches er gleich mitgebracht hatte, überlassen. Arnulph, der aber nichts weiter zurückgeben wollte, als jene wenigen Reliquien, die er noch hier hatte, weigerte sich dessen energisch.

Wie nun der Andere sah, daß weiter beim Kaiser nichts auszurichten wäre, dachte er sich: "lieber wenig, als gar nichts!" und nahm das Wenige an, jenem dafür sein gülden Buch überreichend. So sind die Reliquien des hl. Dionysius hierher nach Sct. Emmeram gekommen, wo sie jetzt noch im Dionysiuschor am Kreuzaltar hochverehrt werden. Es gab darüber mit den Franzosen noch einen langen Federkrieg, allein trotz alle dem ist es dabei geblieben, und was der Kaiser eroberte, das gab man nicht mehr heraus. Beide Schätze vermachte aber Arnulph erst nach seinem Tod ins Emmeramskloster. Einmal, in späterer Zeit, drohte dem goldenen Buch das gleiche Schicksal, wie in Paris den Reliquien des hl. Dionysius, als aber eine höhere Gewalt dagegen eingriff.

König Konrad fand ebenso großes Gefallen an diesem Wunderwerk, wie Arnulph einst an den Reliquien und er verlangte eines Tages von den Mönchen, sie sollten es ihm schenken! – Bestürzt ob einer solchen Zumutung liefen die eilends zu Bischof Tuto und erbaten sich seinen weisen Rat in dieser kitzlichen Sache. „Legt Euer Buch auf den Hochaltar" – entschied er – zum Könige aber sagte er so: „Der so dies Buch dem Kloster entzieht, den wird der hl. Emmeram zu Rede stellen am großen Tag des jüngsten Gerichts, wenn ihn nicht früher noch des Himmels Strafrute züchtigt!" Konrad geriet ob dieser kühnen Mahnung in gewaltigen Zorn, befahl seinen Leuten, sofort das Buch vom Altar zu nehmen, und verließ grollend die Kirche. Dann bestieg er sein Roß und ließ sich jenes von den Trabanten seines Hofes hinaufreichen. Kaum aber lag es in seinen Händen, als ihn nagende Schmerzen im Leib befielen, so daß er ganz erschreckt ob der so baldigen Erfüllung der Drohung ergriffen und erschüttert abstieg und gern das Buch dem Kloster wieder zurückgab. – Man sagt aber, ein beständiges Weh sei ihm von jenem Tage an doch immer zurückgeblieben, bis er zwei Jahre darauf vor Weihnachten verstarb. - - Auch ein Glöcklein hatten sie zu Sct. Emmeram, das klang also lieblich, als sängen droben die lieben Engelein.

König Otto I., dem gefiel das auch, und der damals hier regierende Bischof Michael, der zugleich mit dem Bistum auch die Abtei Sct. Emmeram verwaltete, hat es ihm – wie mein alter Gewährsmann, Abt Cölestin, in seinem Mausoleum (S. 135) berichtet – „aus Höfflichkeit anerbotten und praesentirt. Bei Ottone hab´s aber alsobald seinen schönen Klang verlohren. Als es aber Sct. Emmeram wieder restituirt wurde, ohn all andere Mittel denselben wider bekommen."

König Otto jedoch ließ sich übrigens das nicht verdrießen, sondern nach wie vor kehrte er gern im Kloster ein. – Eines Tages nun hat Bischof Michael ihm dort vor seiner Abreise ein festlich Abschiedsmahl gegeben, bei dem der König und alle Gäste gar munter und guter Dinge waren. "Deß Brod wir essen, deß Lied wir singen!" – rief jener am Ende der Mahlzeit. – „Der heil. Bischof und Martyrer Emmeramus hat uns anheut von seinen Gütern wohl gespeiset und getränket, so bedünkt es mich billig zu sein, dass wir auch dieses Mahl in der Minne des hl. Emmeramus vollenden!" Dann befahl er, einander den Friedenskuß zu reichen und aus dem dazu verordneten Gesundheitsbecher die Minne des hl. Märtyrers zu trinken. – Gern kamen alle dem Wunsch des Königs nach, nur ein einziger Graf, der sich allzu gütlich gethan hatte mit dem Wein, und halb strauchelnd an der Wand lehnte, brach in die folgende Lästerung aus: „Was! mit nichten thu ich diesen Bescheid, Emmeram hat nicht mehr Platz bei mir, denn Speis und Trank ist ihm vorkommen!" – Kaum waren diese Worte gesprochen, so war´s, als schlüge ihn eine Faust darnieder, und tot stürzte er mitten in das Zimmer hinein! –

Man kann sich den Schreck denken, der die eben noch so harmlos frohe Gesellschaft ergriff! – Sie eilten alle in die Kirche, wo die Glocken schon zusammenläuteten, und beteten die Todtenlitanei.

Von dem Tag an aber ist – wie Abt Cölestin uns sagt – im Kloster der Brauch aufgekommen, daß man vor Ende der Mahlzeiten die letzte Gesundheit mit den Worten trinkt: „Es lebe alles, was Sct. Emmeram liebt und ehrt!"

Einer, von dem man dieses in voller Wahrheit sagen kann – ich meine: daß er Sct. Emmeram geliebt und geehrt hat – war Kaiser Heinrich der Heilige. Darum wurde er aber auch hier mit einem viel bedeutsamen Traumgesicht begnadet. – Es war einmal um Mitternacht, wo sonst alle Leute feiern, da lag der junge Fürst hier zu Sct. Emmeram in tiefes Gebet versunken auf den Knien. Er gedachte wie so schwer die Zeit, so ernst das Leben, und so schön der Himmel droben, und es überkam ihn ein großes Sehnen nach dem ewigen Vaterland. – Da ward es plötzlich licht um ihn in der finsteren Kirche, und er sah eine hehre Bischofsgestalt, welche mit dem Finger auf die Wand hinwies, wo eine große römische Zahl VI geschrieben stand. Betroffen dachte da Heinrich: „Will der Herr mein Gebet so bald erhören, etwa schon in 6 Stunden? Frommer Bischof, ich glaube es Dir ja; brauchst nicht erst so feierlich Deine Hand zum Schwur zu erheben!" – Kaum waren diese Worte gesprochen, so verschwand die Erscheinung, und Heinrich bereitete sich zum Sterben. Als aber die Zeit verronnen, und nichts geschah, meinte er, es werde sechs Tage bedeutet haben – dann sechs Wochen, dann sechs Monde, und immer des Todes gewärtig, verbrachte er ein gar überaus frommes tugendreiches Leben. Als auch diese letzte Frist verronnen war, so harrte er nun des sechsten Jahres. – Da erst ward ihm dann das Rätsel gelöst, als er zum Kaiser gewählt und gekrönt am Altare stand.

Von einem andern Heinrich erzählt uns der uralte Steinsitz vor Sct. Emmerams Thor. Der Zänker, so hieß man ihn in der Jugend, als sein hitzig Geblüt ihn zu Streit und Kampflust verführte. In reiferen Jahren ward das anders, wie ein Mißgeschick um's andere nebst manch schwerem Herzeleid ihn Geduld gelehrt hatte. – Da kam dann Herr Heinrich tagtäglich von seinem Schloß Abbach den weiten Weg hierher nach Sct. Emmeram zur allerersten heil. Messe. Oft war die Kirche noch verschlossen, so früh war er in seinem Eifer

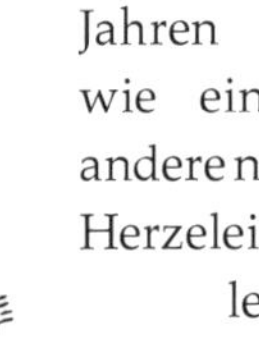

daran. Da setzte er sich dann ganz demütig wartend hier auf den steinernen Stuhl. Und weil er so geduldig geworden, so haben – wie man heute noch weiß – gar oft die lieben Engelein ihm selbst Pförtnerdienst geleistet.

Und oben am Fenster bei der Orgel, wer ist denn der stille Mann? Er hält sein Brevier in den Händen, ein Rosenkränzlein dazu und drüber hinweg blickt er mit so klugen Augen aufmerksam die Halle entlang? Der! – Das ist noch

Der letzte Mönch

der übrig vom alten Sct. Emmeram. Einst mußte er Aufsicht halten, als man den Schmuck der Kirche erneute, und weil er gar nie seinen Platz verließ, hat ein Schalk ihn hier festgebannt. Da muß er nun ewig Wache halten bis an den jüngsten Tag! –

Ob er´s ist oder ein Anderer, der Nachts hier lebendig wird – wer könnte das sicher behaupten? Nur so viel wollen Manche noch wissen, daß da vom Chore herab zuweilen ein wunderbarer Orgelklang ertönt.

* * * * *

Wir sind am Ziel unserer Wanderung angelangt, und es ist Zeit, dieselbe zu beenden. Ein ganzer Rundgang um die Stadt liegt hinter uns; nur der Hof des einstigen Klosters, das im Lauf der Zeiten sich zum prächtigen Fürstenschloß verwandelt hat, bleibt uns noch zu durchschreiten. Vorüber am alten Standbild Karl des Großen, der hier von hohem Brunnen aus schier verwundert auf seine neue Umgebung herabschaut, dann durch den Garten – und wir stehen wieder an der Stelle unseres Ausgangs, draußen vor der Predigersäule.

Gehabt Euch denn wohl, liebe Leser! und möge keinem von Euch der Weg zu lang geworden sein.

Quellen-Angabe für die Regensburger Volkssagen.

Kapitel I.

Gumpelzsheimer: Geschichte, Sagen etc., 1830 bei Montag und Weiß und bei Friedrich Pustet, Bd. I, S. 8-13.

Aus Hans Sachs: Lobgedicht auf die Stadt Regensburg. Verhandlungen des historischen Vereins von Oberpfalz und Regensburg. Bd. IX, 1845.

Andreas Goldmayer, Nürnberg 1653.

Hugo Graf Walderdorff: Regensburg in seiner Vergangenheit und Gegenwart. Dritte Auflage. Pustet.

Kapitel II.

Nach einem Gedicht von Pangkofer aus altem Manuskript.

Kapitel III.

„Das ist die loblich legend von keisers karls streyt vor regenspurg geschechen". Bibl. Mon. Inc. 3. a 1158 4°.

Kapitel IV.

Daselbst fol. 88.

Kapitel V.

Daselbst fol. 89-90.

Kapitel VI.

Handschriftliche Chronik im Besitz des verstorbenen Herrn Hauptmann Neumann.

Gemeiner: Chronik der Stadt Regensburg, Bd. I S. 56.

Zschokke: Bayerische Geschichte. Bd. I, S. 143.

Kapitel VII.

Gumpelzheimer: Bd. I, S. 45-55.

Niedermayer: Künstler und Kunstwerke der Stadt Regensburg, Landshut 1857, S. 4-5. etc.

Walderdorff.

Gedicht von V. v. Ehrhard: Autharis und Theudlinde.

Kapitel VIII.

Gumpelzheimer: Bd. I, S. 131-191.

Niedermayer: a. a. O.

Walderdorff: a. a. O.

Kapitel IX.

Griemwald: Beschreibung der Stadt Regensburg I c. 15.

Ertl, Relationes etc. S. 98.

Cölestin Ratisb. pol. S. 197.

Schuegraf: Die steinerne Brücke, 1821, S. 12.

Niedermayer, Walderdorff etc. etc.

Kapitel X.

Deutsches Sagenbuch von Bechstein. S. 700.

Schöppners Sagenbuch. S. 113, Bd. I.

Die steinerne Brücke zu Regensburg. Stadtamhof 1821, S. 13 etc.

Kapitel XI.

Die Erzählung von Deutung des Goliathbildes ohne weitere Quellenangabe aus Herrn Hauptmann Neumann´s Sammlung.

Siehe ferner Schuegraf: Das Haus zum Goliath, 1840.

Kapitel XII.

Nach mündl. Mittheilung der verstorbenen Frau Dr. Thoma und des früheren Hausbesitzers und Materialienhändlers Herrn J. W. Neumüller.

Kapitel XIII.

Nach einem Gedicht im Regensburger Wochenblatt Nr. 14, Jahrgang 1841, gezeichnet J. P.

Kapitel XIV.

Handschriftliche Chronik bis 1695 geführt von Chr. Gottlieb Dimpfel, evangel. Prediger. S. 47-48.

Gemeiner: Chronik, Bd. II, S. 160.

Andreas presb. Chron. ad h. a. 582.

Joann. Staindelii Chron. append. bei Oefele. T. l p. 524.

Erz. von Adalbert Müller: Braun und Schneider Hauschronik, Bd. I, S. 9

Kapitel XV.

Gumpelzheimer: Bd. I, S. 19-124.

Kapitel XVI.

Nach einem Gedicht von J. A. Pangkofer aus altem Manuskript entnommen.

Kapitel XVII.

Gumpelzheimer: Bd. I, S. 96.

Codex Aureus Monast. Ss. Emerani I 6.

Ertl, Relationes curiosae Bavaricae. Bd. II, S. 125.

Oefele, Bd. I, S. 548.

Heinrich des Heiligen Traumgesicht, Gedicht von Kugler.

Mausoleum Coelestini, S. 135 und 471.

Schöppner: Bd. III, S. 1287.

Gandershofer: Chronik von Abbach, S. 4.

Zschokke: Bd. I, S. 232.

Schluß nach mündlicher Erzählung.

Inhalt.

Druck der Verlags-Anstalt vorm. G. J. Manz, München.

Regensburg Wimmelbuch
SONDERAUSGABE

Höchste Illustrationskunst und satirisch-humorvolle Bildsprache. Regensburg mit seinen Gebäuden, Gassen, Plätzen und Menschen, wie man es nie zuvor gesehen hat. Eine Liebeserklärung an die Stadt und eine an das Genre Wimmelbuch! Zum Schauen, Staunen, Schmunzeln und Lachen. (ISBN 978-3-947727-29-2)

Regensburger Wimmel-Tischsets

Zum Frühstück, Brunch, Kindergeburtstag, Kaffeklatsch oder Sonntagsessen, mit diesen Papiersets ist Spaß und Unterhaltung zu Tisch garantiert!

Kritzel, Bitzel, Breznschnitzel.
Ein Regensburg Malbuch

Humorvolle Einblicke in die Welt-Kultur-Erbe-Stadt. Eine kreative Stadterkundung und zugleich ein buntes Vergnügen für kleine und große Künstler! Auf geht's zum Malen und Kritzeln!
(ISBN 978-3-934941-94-6)

Der Wurstkuchlhund. Ein bunter Bilderbogen für kleine und große Leute

Ein Regensburger Kultbuch mit den abenteuerlichen Geschichten des Hundes Waldemar.
(ISBN 978-3-947727-17-9)
Auch als englische Ausgabe „Doggie of the Sausage Kitchen“ (ISBN 978-3-947727-27-8) und als Hörbuch (ISBN 978-3-934941-38-0).

Pauls irre Reise durch die Zeit. Ein Streifzug durch das Welterbe Regensburg

Weltkulturerbe? Was'n das? – Lies diesen Comic und du weißt, was Sache ist, mit Geschichte und so! Echt coole history! (ISBN 978-3-934941-72-4)

www.editionbuntehunde.de